I0012685

Python para Pequeños Genios: Descubre la Programación

CARLOS ROLDÁN BLAY

MARTA ROLDÁN CANTI

DEDICATORIA

Este libro está dedicado con todo mi cariño a mi hija, Marta Roldán Canti.

Marta, a tus 10 años, tu entusiasmo y tus ganas de aprender y crear no dejan de sorprenderme. Este libro es una aventura que hemos diseñado juntos, y me llena de orgullo que seas mi aprendiz y coautora. Con tu espíritu curioso y tu energía incansable, sé que este es solo el comienzo de muchas otras aventuras apasionantes que viviremos juntos en esta maravillosa historia que es la vida.

Con amor,
Carlos Roldán Blay

Quiero dedicar este libro a mi papá, Carlos Roldán Blay, doctor ingeniero industrial, siempre interesado en aprender cosas nuevas y con un gran amor por su familia: mi mamá, mi hermano y yo.

Papá, gracias por enseñarme y compartir conmigo esta emocionante aventura de la programación. Eres mi inspiración y mi guía en cada paso. ¡Me encanta aprender contigo y estoy deseando que vivamos muchas más aventuras juntos!

```
print("¡Te quiero, papá!")
```

CONTENIDO

AGRADECIMIENTOS

Queremos expresar nuestro más sincero agradecimiento a todas las personas que han sido parte de nuestra formación a lo largo de nuestras vidas. A nuestros maestros y mentores, que nos han guiado y enseñado con dedicación y paciencia. A nuestros amigos y familiares, que siempre nos han apoyado en cada paso de nuestro aprendizaje y desarrollo.

Un agradecimiento muy especial a ti, querido lector o lectora. Tu interés en aprender y divertirte con este libro nos motiva y nos llena de orgullo. Esperamos que disfrutes esta aventura tanto como nosotros hemos disfrutado creando y compartiendo este conocimiento contigo. Que este sea solo el comienzo de tu fascinante viaje en el mundo de la programación.

Gracias por acompañarnos en esta maravillosa travesía.

PRÓLOGO

¡Bienvenidos al mundo de la programación con Python! Este libro ha sido creado con mucho amor y dedicación para que niños y niñas como tú puedan dar sus primeros pasos en la programación de una manera divertida y accesible.

La programación es una habilidad increíblemente poderosa que te permitirá dar vida a tus ideas, resolver problemas y crear cosas asombrosas. Con cada línea de código, estarás construyendo una base sólida para tu futuro en la tecnología y la innovación.

A lo largo de estos capítulos, te guiaré paso a paso a través de conceptos y proyectos que te ayudarán a comprender cómo funciona Python, uno de los lenguajes de programación más populares y versátiles del mundo. Aprenderás a crear juegos, aplicaciones y proyectos divertidos que pondrán a prueba tu creatividad y lógica.

Este libro no solo es una guía técnica, sino también una invitación a explorar, experimentar y, sobre todo, disfrutar del proceso de aprendizaje. Acompañado de mi hija Marta, hemos diseñado este viaje para que sea tanto educativo como entretenido. Marta, con su curiosidad y entusiasmo, ha sido una coautora excepcional y una fuente constante de inspiración.

Al finalizar este libro, estarás equipado con las habilidades básicas para seguir explorando el vasto universo de la programación. Recuerda, este es solo el comienzo. La programación es una aventura continua, llena de descubrimientos y desafíos emocionantes.

Gracias por unirte a nosotros en este viaje. Estamos emocionados de ver lo que crearás y cómo aplicarás lo que has aprendido. ¡Vamos a comenzar esta increíble aventura juntos!

Con entusiasmo y gratitud,

Carlos Roldán Blay y Marta Roldán Canti

CAPÍTULO 1: INTRODUCCIÓN A LA PROGRAMACIÓN

1. ¿Qué es la Programación?

Hola, ¡bienvenidos al mundo de la programación! Pero, ¿qué es la programación? Imagina que tienes un cuaderno mágico donde puedes escribir instrucciones y, como por arte de magia, tu computadora las entiende y hace lo que tú quieres. Eso es exactamente lo que hace la programación. Es un lenguaje que le dice a la computadora qué hacer.

La programación es como un superpoder que te permite crear tus propios juegos, aplicaciones, sitios web y mucho más. Con la programación, puedes convertir tus ideas en realidad y resolver problemas de una manera creativa.

2. Ejemplos de Programación en la Vida Diaria

La programación está en todas partes y se usa en muchas cosas que ves y usas todos los días:

- **Videojuegos:** ¿Te gustan los videojuegos? Todos los juegos que juegas están hechos con programación. Desde los gráficos hasta la lógica del juego, todo se crea con código.
- **Aplicaciones:** Las aplicaciones que usas en tu teléfono o Tablet, como juegos, calculadoras y redes sociales, están

hechas con programación.

- **Robots:** Los robots que ves en películas y programas de televisión, e incluso los que existen en la vida real, funcionan gracias a la programación.
- **Sitios Web:** Todos los sitios web que visitas, desde Google hasta YouTube, están hechos con programación.

3. ¿Qué es Python?

Ahora que sabes qué es la programación y cómo se usa en la vida diaria, hablemos de Python. Python es un lenguaje de programación que le dice a la computadora qué hacer de una manera muy sencilla y divertida.

3.1. ¿Por qué Python?

Te preguntarás, ¿por qué deberíamos aprender Python? Aquí tienes algunas razones:

1. **Fácil de Leer y Escribir:** Python tiene una sintaxis (la forma en que escribimos el código) que es muy parecida al inglés. Esto lo hace fácil de leer y entender.
2. **Versátil:** Puedes usar Python para crear juegos, aplicaciones, sitios web, análisis de datos y mucho más.
3. **Comunidad Grande:** Hay muchas personas en el mundo que usan Python, lo que significa que siempre puedes encontrar ayuda y recursos en línea.

4. Conclusión

Python es un excelente lenguaje de programación para comenzar tu aventura en la programación. En el próximo capítulo, aprenderemos cómo prepararnos para programar instalando Python y un editor de texto, y escribiremos nuestro primer programa en Python.

CAPÍTULO 2: PREPARÁNDONOS PARA PROGRAMAR

1. Instalación de Python

Para empezar a programar en Python, primero necesitamos instalar Python en nuestra computadora. Si ya tienes un IDE (Entorno de Desarrollo Integrado) para Python, puedes ignorar esta sección. Aquí tienes una guía sencilla para hacerlo en diferentes sistemas operativos.

1.1. Windows

1. **Visita el sitio web de Python:** Ve a python.org y descarga la versión más reciente de Python.
2. **Instala Python:** Abre el archivo descargado y sigue las instrucciones para instalar Python en tu computadora. Asegúrate de marcar la opción "Agregar Python al PATH" durante la instalación.

1.2. MacOS

1. **Visita el sitio web de Python:** Ve a python.org y descarga la versión más reciente de Python.
2. **Instala Python:** Abre el archivo descargado y sigue las instrucciones para instalar Python en tu computadora.

1.3. Linux

1. Abre una terminal.
2. Escribe el siguiente comando para instalar Python:

```
sudo apt-get install python3
```

2. Instalación de un Editor de Texto (IDE)

Un IDE es un programa donde puedes escribir y ejecutar tu código. Hay varios IDE que puedes usar para programar en Python. Aquí tienes algunas recomendaciones:

- **Spyder:** Un IDE especialmente diseñado para científicos de datos, incluido en el entorno de Anaconda. A nosotros nos gusta mucho este y es el que hemos usado para los ejemplos, pero no debería haber problemas en utilizar cualquier otro.
- **IDLE:** Viene incluido con la instalación de Python y es perfecto para principiantes.
- **Thonny:** Un IDE simple y fácil de usar, ideal para quienes están comenzando.
- **Mu:** Otro IDE simple diseñado para enseñar programación a niños.
- **PyCharm:** Un IDE muy popular y potente para Python, con muchas características avanzadas.
- **VSCode (Visual Studio Code):** Un editor de código muy versátil y personalizable, con soporte para muchos lenguajes de programación.
- **Jupyter Notebook:** Ideal para escribir y ejecutar código en bloques, muy utilizado en ciencia de datos y educación.

3. Hola, Mundo

Vamos a empezar con algo muy simple pero poderoso. Vamos a escribir nuestro primer programa en Python que diga "¡Hola, Mundo!".

3.1. Paso 1: Abrir el Editor de Python

Busca un programa llamado "IDLE", "Thonny", "Spyder" o el editor que hayas elegido y ábrelo. Este es un editor donde podemos escribir y ejecutar nuestro código. Puede que necesites buscar tutoriales en internet para hacer funcionar tu primer ejemplo, pero es importante, ya que cuando sepas hacer este caso, podrás aprovechar el libro al máximo.

3.2. Paso 2: Escribir el Código

Escribe el siguiente código en el editor:

```
print("¡Hola, Mundo!")
```

Cuadro 1

3.3. Paso 3: Ejecutar el Programa

Guarda el archivo con un nombre como hola_mundo.py y luego selecciona "Run" (Ejecutar) y "Run Module" (Ejecutar Módulo) en el menú. En algunos de estos programas esto se hace con la tecla F5. Verás que tu programa imprime "¡Hola, Mundo!" en la pantalla. En esa pantalla se mostrará todo lo que hagan los programas que vayas haciendo.

¡Felicidades! Has escrito tu primer programa en Python.

Cada cuadro de este libro contiene un pequeño código (programa), que puedes escribir, editar a tu gusto y guardar para poder probarlo en otro momento. Al acabar de practicar con este libro puedes tener una carpeta con más de 100 pequeños programas guardados, que puedes abrir y ejecutar o modificar para hacer otros programas nuevos con todo lo aprendido.

Vamos a ver a continuación algunas capturas de este ejemplo programado en Spyder.

En el panel izquierdo se muestra el editor de código del programa que acabamos de crear. Lo he guardado en una carpeta donde voy a ir creando los programas con los que quiera ir aprendiendo a programar, de esta forma, tendré todo ordenado en una carpeta. Te recomiendo que tengas una carpeta para todo lo que aprendas con este libro. Ejecutamos el programa con el botón del triángulo verde (Run, Ejecutar o con la tecla F5).

```
Terminal 1/A ×

Python 3.9.7 (default, Sep 16 2021, 16:59:28) [MSC v.1916 64
bit (AMD64)]
Type "copyright", "credits" or "license" for more
information.

IPython 7.29.0 -- An enhanced Interactive Python.

In [1]: runfile('E:/Libro Python/001.py', wdir='E:/Libro
Python')
¡Hola, Mundo!

In [2]:
```

Este otro panel es la consola, donde se mostrarán las salidas de nuestros programas al ejecutarlos. En nuestra línea [1] hemos ejecutado el programa que se llama `"001.py"` y está guardado en la carpeta `E:/Libro Python`. Al ejecutarlo vemos que la salida ha sido: `¡Hola, Mundo!`

4. Desmenuzando Nuestro Primer Programa

Vamos a entender qué hace nuestro primer programa, tratemos de entender que cada línea tiene una instrucción concreta para el ordenador.

- `print("¡Hola, Mundo!")`: Esta línea le dice a la computadora que queremos imprimir el texto "¡Hola, Mundo!" en la pantalla. La función `print` es una de las más básicas y útiles en Python. Como vemos, lo que queremos que `print` muestre en pantalla se pone entre paréntesis. Y la frase a mostrar va entre comillas. Todo esto lo iremos viendo más adelante con mayor detalle.

5. Experimentando con Python

Ahora que has escrito tu primer programa, vamos a jugar un poco más con Python. Aquí tienes algunas ideas para seguir experimentando:

1. **Cambiar el Mensaje:** Cambia el texto dentro de las comillas para que diga otra cosa, como tu nombre.

```
print("¡Hola, soy [Tu Nombre]!")
```
Cuadro 2

Nota: cambia [Tu nombre] por tu nombre o por otro nombre para observar lo que muestra el programa al ejecutarlo.

2. **Hacer Cálculos:** Usa Python como una calculadora. Escribe los siguientes comandos en el editor y ejecútalos.

```
print(5 + 3)
print(10 - 2)
print(4 * 2)
print(16 / 2)
```
Cuadro 3

Nota: Observa que esta vez no hemos puesto comillas, entonces python debe interpretar primero lo que ponemos y luego mostrar su resultado tras interpretarlo, en lugar de mostrar literalmente lo que ponemos para que muestre.

3. **Combinar Textos y Números:** Intenta imprimir un mensaje que combine texto y números.

```
print("Tengo", 10, "años")
```
Cuadro 4

Nota: En este caso, ¿cómo se muestra este mensaje? Hay un primer mensaje que es una palabra. El segundo mensaje es una cantidad que python debe interpretar. Podría haber sido una operación, como 8+2, no tiene por qué ser un número. El tercer mensaje es otra palabra entre comillas. Python mostrará en la pantalla los tres mensajes separados por espacios en blanco, en una sola línea.

6. Ejercicios Divertidos

Aquí tienes algunos ejercicios para practicar lo que has aprendido:

6.1. Ejercicio 1: Presentación Personal

Escribe un programa que imprima tu nombre, tu edad y tu pasatiempo favorito.

```
print("Mi nombre es [Tu Nombre]")
print("Tengo [Tu Edad] años")
print("Me gusta [Tu Pasatiempo]")
```

Cuadro 5

6.2. Ejercicio 2: Cálculos Matemáticos

Escribe un programa que haga y muestre el resultado de las siguientes operaciones matemáticas:

- Suma de 15 y 23
- Resta de 50 menos 12
- Multiplicación de 7 por 8
- División de 144 entre 12

```
print("15 + 23 =", 15 + 23)
print("50 - 12 =", 50 - 12)
print("7 * 8 =", 7 * 8)
print("144 / 12 =", 144 / 12)
```

Cuadro 6

Observación: ¿Ves la diferencia entre el primer y el segundo mensaje a mostrar en cada línea? Uno es literal y el otro es interpretado.

6.3. Ejercicio 3: Frase Divertida

Escribe un programa que imprima una frase divertida usando diferentes líneas de print.

```
print("¿Qué le dijo un pez a otro pez?")
print("¡Nada!")
```

Cuadro 7

7. ¿Listos para Más Aventuras?

Ahora que ya has dado tus primeros pasos en el mundo de la programación con Python, estás listo para explorar aún más. En los siguientes capítulos, aprenderemos a hacer cosas cada vez más emocionantes y desafiantes. Crearemos juegos, resolveremos problemas y, sobre todo, nos divertiremos mucho.

Recuerda, la clave para convertirte en un gran programador es practicar y experimentar. No tengas miedo de cometer errores, ¡es parte del proceso de aprendizaje! Cada error te enseña algo nuevo y te hace un mejor programador.

¡Prepárate para la próxima aventura en el mundo de Python! Vamos a descubrir cómo usar variables, tomar decisiones en nuestro código y crear proyectos increíbles.

CAPÍTULO 3: CONCEPTOS BÁSICOS DE PYTHON

1. Sintaxis de Python

La sintaxis de Python es la forma en que escribimos los programas para que la computadora los entienda. Python es conocido por su simplicidad y facilidad de lectura. Vamos a ver algunos elementos básicos de la sintaxis de Python. No podemos verlo todo. De hecho, trataremos de añadir alguna cosa a lo largo del libro para que este comienzo no se haga muy pesado, pero veamos algunas cosas importantes.

1.1. Espacios en Blanco

Imagina que estás organizando tu habitación. Si tienes todo desordenado, es difícil encontrar lo que necesitas. Los espacios en blanco en Python son como mantener tu habitación ordenada. Ayudan a la computadora a entender qué partes del código van juntas formando un bloque o un conjunto de instrucciones.

En Python, los espacios en blanco (también llamados indentación) son muy importantes. Usamos espacios o tabulaciones (la tecla TAB en tu teclado) para agrupar líneas de código que pertenecen a un mismo bloque o trozo de programa. Por ejemplo, cuando definimos una función o un bucle (loop), el código dentro de ellos debe estar indentado.

- Ejemplo:

```
def saludar():
    print("¡Hola!")
    print("¿Cómo estás?")
```

¡Atención! Este programa, por sí solo, no hace nada. Solo le decimos a Python que queremos crear una función, llamada saludar y que, si alguien la ejecuta, entonces debe mostrar los dos mensajes que hay dentro de ella. Lo importante es fijarse en que hay líneas de código escritas "dentro" de esa función, todas alineadas correctamente y más a la derecha que la propia definición de la función.

En este ejemplo, las dos líneas que empiezan con `print` están indentadas dentro de la función `saludar()`. Esto le dice a Python que esas dos líneas pertenecen a la función `saludar`.

¡Atención! En Python, no usar la indentación correcta puede causar errores en el programa. Siempre asegúrate de que las líneas de código que deben ir juntas estén alineadas correctamente.

- Ejercicio:
1. Escribe una función llamada `decir_adios` que imprima "¡Adiós!" y "Hasta luego".
2. Asegúrate de que las líneas de `print` estén correctamente indentadas.
- Solución:

```
def decir_adios():
    print("¡Adiós!")
    print("Hasta luego")
```

2. Comentarios

Los comentarios son líneas de texto que el programa no ejecuta. Los usamos para explicar el código y hacer notas. Piensa en los comentarios como notas adhesivas que pones en un libro para recordar cosas importantes.

En Python, los comentarios comienzan con el símbolo #.

- Ejemplo:

```
# Esto es un comentario
print("¡Hola, Mundo!")  # Esto también es un
comentario
```
Cuadro 10

¡Atención! Los comentarios son solo para ti. Puedes anotarte cosas en tus programas que Python no va a leer. Así, en el futuro, puedes leerlos y comprender mejor tu propio código. Si colocas el símbolo de almohadilla "#" en una línea, todo lo que escribas después, en esa misma línea, es un comentario y al ejecutar el programa, Python se lo saltará.

Los comentarios no afectan al funcionamiento del programa, pero son muy útiles para explicar lo que hace el código.

- Ejercicio:
1. Escribe un programa que imprima "¡Buenos días!".
2. Añade un comentario al principio del programa que diga "Este programa imprime un saludo".

- Solución:

```
# Este programa imprime un saludo
print("¡Buenos días!")
```
Cuadro 11

3. Variables

Las variables son como cajas en las que guardamos información. Podemos usar variables para almacenar números, texto y otros tipos de datos. Imagina que tienes una etiqueta para cada caja para saber qué hay dentro.

En Python, no necesitamos declarar el tipo de variable antes de usarla. Simplemente asignamos un valor a un nombre de variable.

- Ejemplo:

```
edad = 10
nombre = "Ana"
es_estudiante = True
```
Cuadro 12

En este ejemplo, `edad` es una variable que almacena el número 10, `nombre` almacena el texto "Ana" y `es_estudiante` almacena el valor `True` (verdadero).

> **¡Prueba tú mismo!** Escribe un programa donde declares una variable llamada `mi_color_favorito` y asígnale tu color favorito. Luego, imprime el valor de esta variable.

- Solución:

```
mi_color_favorito = "Azul"
print(mi_color_favorito)
```
Cuadro 13

> **¡Atención!** ¿Por qué en este print no ponemos las comillas antes y después de `mi_color_favorito`? Porque es una variable y no queremos que se muestre literalmente su nombre. Queremos que Python la interprete, es decir, que "abra esa cajita" y muestre su "contenido", no su nombre. Puedes probar a añadir otra línea al programa con las comillas y ver la diferencia: `print("mi_color_favorito")`.

4. Tipos de Datos

Vamos a explorar algunos tipos de datos básicos que podemos usar en Python.

4.1. Números

Python puede trabajar con diferentes tipos de números, como enteros o `int` (números sin decimales) y flotantes o `float` (números con decimales).

- Ejemplo:

```
entero = 5
flotante = 5.5
```
Cuadro 14

Podemos realizar operaciones matemáticas básicas con estos números, como suma, resta, multiplicación y división.

- Ejemplo:

```
a = 10
```

```
b = 3
suma = a + b              # 13
resta = a - b             # 7
multiplicacion = a * b    # 30
division = a / b          # 3.333...
```

Cuadro 15

¡Inténtalo! Escribe un programa que sume dos números y muestre el resultado.

- Solución:

```
numero1 = 7
numero2 = 5
resultado = numero1 + numero2
print(resultado)   # 12
```

Cuadro 16

¿Sabías que...? Puedes usar Python como una calculadora para hacer tus tareas de matemáticas. Intenta escribir operaciones como 2 + 3 * 4 y observa qué resultado obtienes.

- Más ejemplos de operaciones matemáticas:

```
# Suma
suma = 8 + 2   # 10
print(suma)

# Resta
resta = 8 - 2   # 6
print(resta)

# Multiplicación
multiplicacion = 8 * 2   # 16
print(multiplicacion)

# División
division = 8 / 2   # 4.0
print(division)

# División entera (sin decimales)
division_entera = 8 // 3   # 2
print(division_entera)

# Módulo (resto de la división)
modulo = 8 % 3   # 2
```

```
print(modulo)
```
Cuadro 17

Prueba esto: Escribe un programa que reste, multiplique y divida dos números de tu elección y muestre los resultados.

4.2. Cadenas de Texto (Strings)

Las cadenas de texto son secuencias de caracteres (letras, números y símbolos) que están entre comillas simples o dobles. Piensa en ellas como una cadena de letras que forman palabras o frases. Esos caracteres son letras, números u otros símbolos y están ordenados dentro de nuestra cadena desde el primero que haya en ella (que será el 0) en adelante. En python, se empieza a contar en 0.

- Ejemplo:

```
mensaje = "Hola, Mundo"
nombre = 'Ana'
```
Cuadro 18

Podemos combinar (concatenar) cadenas usando el operador +. Ojo, si uno de ellos es un número, antes hay que convertirlo en cadena poniendo `str()` y metiendo dentro ese valor. Más adelante pondremos ejemplos.

- Ejemplo:

```
nombre = 'Ana'
saludo = "Hola, " + nombre
print(saludo)  # Hola, Ana
```
Cuadro 19

¡Prueba esto! Escribe un programa que tome tu nombre y tu apellido y los combine en una sola cadena.

- Solución:

```
nombre = "Juan"
apellido = "Pérez"
nombre_completo = nombre + " " + apellido
print(nombre_completo)  # Juan Pérez
```
Cuadro 20

Tip: Si necesitas incluir comillas dentro de una cadena, puedes usar comillas simples y dobles juntas. Por ejemplo, `"Él dijo 'Hola'"` o `'Ella dijo "Adiós"'`.

• Ejemplo:

```
frase = "Ella dijo 'Hola'"
print(frase)   # Ella dijo 'Hola'

frase2 = 'Él respondió "Adiós"'
print(frase2)   # Él respondió "Adiós"
```
Cuadro 21

• Métodos de cadenas:
Las cadenas tienen métodos que nos ayudan a manipular y trabajar con texto.

• Ejemplo:

```
texto = "¡Python es divertido!"
print(texto.upper())   # ¡PYTHON ES DIVERTIDO!
print(texto.lower())   # ¡python es divertido!
print(texto.replace("divertido", "genial"))   #
¡Python es genial!
```
Cuadro 22

Prueba esto: Escribe un programa que convierta una cadena a mayúsculas, luego a minúsculas y finalmente reemplace una palabra por otra.

4.3. Listas

Las listas son colecciones de elementos que están ordenados y pueden cambiarse (modificarse). Los elementos de una lista pueden ser de diferentes tipos de datos. Imagina una lista de compras donde puedes agregar, quitar o cambiar artículos.

• Ejemplo:

```
numeros = [1, 2, 3, 4, 5]
nombres = ["Ana", "Luis", "Carlos"]
mixta = [1, "dos", 3.0, True]
```
Cuadro 23

Podemos acceder a los elementos de una lista usando índices, que empiezan desde 0.

Recuerda: En python empezamos a contar desde el 0, no

| desde el 1 como pasa en otros lenguajes.

- Ejemplo:

```
numeros = [1, 2, 3, 4, 5]
nombres = ["Ana", "Luis", "Carlos"]
primer_numero = numeros[0]   # 1
segundo_nombre = nombres[1]   # Luis
```

Cuadro 24

Podemos agregar, quitar o cambiar elementos de una lista usando métodos como append, remove y la asignación directa.

- Ejemplo:

```
numeros = [1, 2, 3, 4, 5]
nombres = ["Ana", "Luis", "Carlos"]
mixta = [1, "dos", 3.0, True]
numeros.append(6)      # Añade 6 al final de la
lista
nombres.remove("Luis")  # Quita "Luis" de la
lista
mixta[1] = "dos"       # Cambia el segundo
elemento a "dos"
```

Cuadro 25

¡**Hazlo tú mismo!** Crea una lista de tus comidas favoritas y agrega una nueva comida al final.

- Solución:

```
comidas_favoritas = ["Pizza", "Hamburguesa",
"Helado"]
comidas_favoritas.append("Sushi")
print(comidas_favoritas)   # ['Pizza',
'Hamburguesa', 'Helado', 'Sushi']
```

Cuadro 26

¿**Sabías que...?** Las listas pueden contener otras listas. Esto se llama listas anidadas.

- Ejemplo:

```
lista_anidada = [[1, 2, 3], ["a", "b", "c"]]
print(lista_anidada[0])  # [1, 2, 3]
print(lista_anidada[1][1])   # b
```

Cuadro 27

Observa: En el segundo `print` cogemos la variable lista anidada, buscamos el elemento 1, que es el segundo, que es una lista con 3 letras y mostramos la segunda de estas 3 letras.

- Más ejemplos de listas:

```python
# Crear una lista
frutas = ["manzana", "banana", "cereza"]
print(frutas)

# Acceder a elementos
print(frutas[0])  # manzana
print(frutas[2])  # cereza

# Cambiar elementos
frutas[1] = "naranja"
print(frutas)  # ['manzana', 'naranja', 'cereza']

# Eliminar elementos
frutas.remove("naranja")
print(frutas)  # ['manzana', 'cereza']

# Añadir elementos
frutas.append("uva")
print(frutas)  # ['manzana', 'cereza', 'uva']

# Insertar elementos en una posición específica
frutas.insert(1, "pera")
print(frutas)  # ['manzana', 'pera', 'cereza',
'uva']
```

Cuadro 28

Prueba esto: Escribe un programa que cree una lista de tus colores favoritos, cambie uno de los colores, elimine otro y agregue un nuevo color al final.

5. Ejercicio Final

¡Ahora es tu turno de poner en práctica todo lo que has aprendido en este capítulo!

5.1. Tarea:

1. Crea una variable para almacenar tu nombre.
2. Crea una variable para almacenar tu edad.

3. Crea una lista con tres de tus colores favoritos.
4. Agrega otro color favorito al final de la lista.
5. Imprime un mensaje que diga "¡Hola, mi nombre es [tu nombre] y tengo [tu edad] años! Mis colores favoritos son [colores]."

- Solución:

```
nombre = "TuNombre"
edad = 10
colores_favoritos = ["Rojo", "Verde", "Azul"]
colores_favoritos.append("Amarillo")
print("¡Hola, mi nombre es " + nombre + " y
tengo", edad, "años! Mis colores favoritos son",
colores_favoritos, ".")
```

Cuadro 29

En este código:
1. nombre es una palabra o texto (también llamada cadena o string en programación). Aquí se guarda el nombre "TuNombre", el que hayas escrito.
2. edad es un número. En este caso, la edad es 10.
3. colores_favoritos es una lista, que es como una caja donde guardamos varios colores favoritos. Al principio tiene "Rojo", "Verde" y "Azul". Luego añadimos "Amarillo" con colores_favoritos.append("Amarillo"). En este caso todos los elementos de la lista son cadenas (palabras), pero esto no tiene por qué ser así siempre.

Cuando usamos print para mostrar un mensaje, necesitamos juntar diferentes tipos de datos. En el mensaje usamos una coma ", " para separar las cosas que queremos mostrar:

```
print("¡Hola, mi nombre es " + nombre + " y
tengo", edad, "años! Mis colores favoritos son",
colores_favoritos, ".")
```

Aquí usamos la coma porque:
- nombre es un texto (string) y lo podemos juntar fácilmente con otros textos usando el signo +.
- edad es un número. Los números no se pueden juntar directamente con textos usando +, por eso lo ponemos

separado con una coma ", ". La coma le dice a Python que muestre la edad como está en ese momento, es decir, que muestre el valor de la variable edad.

- colores_favoritos es una lista, que también se muestra usando una coma ", ".

Otra forma de hacerlo es convertir los números y las listas a texto usando str(). Así, podemos juntar todo con +:

```
print("¡Hola, mi nombre es " + nombre + " y tengo
" + str(edad) + " años! Mis colores favoritos son
" + str(colores_favoritos) + ".")
```

Aquí:

- str(edad) convierte el número de la variable edad a texto.
- str(colores_favoritos) convierte la lista de colores a texto.

Así, podemos juntar todo usando el signo +. ¡Y listo! Así podemos mostrar mensajes con diferentes tipos de datos en Python.

6. Ejercicios Adicionales

Para reforzar lo aprendido, aquí tienes algunos ejercicios adicionales. Intenta resolverlos sin mirar las soluciones primero.

6.1. Ejercicio 1:

1. Crea una variable para almacenar el nombre de tu mascota.
2. Crea una variable para almacenar la edad de tu mascota.
3. Imprime un mensaje que diga "Mi mascota se llama [nombre de la mascota] y tiene [edad de la mascota] años."
- Solución:

```
nombre_mascota = "Fido"
edad_mascota = 3
print("Mi mascota se llama " + nombre_mascota + "
y tiene " + str(edad_mascota) + " años.")
```
Cuadro 30

6.2. Ejercicio 2:

1. Crea una lista con los nombres de tres de tus amigos.

2. Cambia el segundo nombre de la lista por otro nombre.
3. Elimina el primer nombre de la lista.
4. Agrega un nuevo nombre al final de la lista.
5. Imprime la lista resultante.

- Solución:

```
amigos = ["Carlos", "María", "Pedro"]
amigos[1] = "Ana"
amigos.remove("Carlos")
amigos.append("Luis")
print(amigos)  # ['Ana', 'Pedro', 'Luis']
```

Cuadro 31

6.3. Ejercicio 3:

1. Crea una cadena que diga "Me gusta programar en Python".
2. Convierte toda la cadena a mayúsculas y muéstrala.
3. Convierte toda la cadena a minúsculas y muéstrala.
4. Reemplaza la palabra "Python" por "JavaScript" y muestra la nueva cadena.

- Solución:

```
cadena = "Me gusta programar en Python"
print(cadena.upper())  # ME GUSTA PROGRAMAR EN
PYTHON
print(cadena.lower())  # me gusta programar en
python
nueva_cadena = cadena.replace("Python",
"JavaScript")
print(nueva_cadena)  # Me gusta programar en
JavaScript
```

Cuadro 32

6.4. Ejercicio 4:

1. Crea una lista con cinco números.
2. Calcula la suma de todos los números de la lista.
3. Calcula el promedio de los números de la lista.
4. Imprime la suma y el promedio.

- Solución:

```
numeros = [4, 7, 1, 8, 3]
```

```
suma = sum(numeros)
promedio = suma / len(numeros)
print("Suma:", suma)   # Suma: 23
print("Promedio:", promedio)   # Promedio: 4.6
```

Cuadro 33

Si no sabes qué es el promedio o qué es `len`, no te preocupes, esta clase de ejercicios los ponemos resueltos para introducir otras cosas. El promedio de 5 números es sumarlos y dividir el resultado por 5. Pero para que veas el uso de `sum` y `len`, `sum(lista)` calcula la suma de los números de una lista, mientras que `len(lista)` cuenta cuántos números hay en la lista. Estas cosas son un poco más avanzadas y poco a poco te irás acostumbrando a ellas.

En este capítulo hemos aprendido sobre la sintaxis de Python, comentarios, variables y tipos de datos básicos. Con todo esto hemos hecho algunos ejemplos que ya van poniendo a prueba a nuestra imaginación y creatividad. Con estos fundamentos, ya puedes empezar a escribir programas más complejos y útiles. ¡Sigue adelante!

CAPÍTULO 4: TIPOS DE DATOS

1. Números

Python puede trabajar con diferentes tipos de números. Los dos tipos más comunes son:

- Enteros (`int`): Números sin decimales.
- Flotantes (`float`): Números con decimales.

> **Nota:** Esto es curioso, pero importante. En python el `1` es un entero, mientras que el `1.0` es un flotante. No son lo mismo, aunque matemáticamente valen lo mismo.

1.1. Enteros

Los enteros son números sin decimales. Pueden ser positivos, negativos o cero. Pueden ser bastante grandes, pero no infinitos, esto puede ser importante en un futuro. De momento nos quedamos con que no tienen decimales.

- Ejemplo:

```
numero_positivo = 5
numero_negativo = -3
cero = 0
```

Cuadro 34

Podemos realizar operaciones matemáticas con enteros, como suma, resta, multiplicación y división.

• Ejemplo:

```
a = 10
b = 3
suma = a + b          # 13
resta = a - b          # 7
multiplicacion = a * b # 30
division = a / b       # 3.333... Este es un float
```

Cuadro 35

• Ejercicio:
1. Declara dos variables con números enteros.
2. Realiza las operaciones de suma, resta, multiplicación y división con estas variables.
3. Imprime los resultados.

• Solución:

```
numero1 = 8
numero2 = 2
suma = numero1 + numero2
resta = numero1 - numero2
multiplicacion = numero1 * numero2
division = numero1 / numero2
print("Suma:", suma)   # Suma: 10
print("Resta:", resta)   # Resta: 6
print("Multiplicación:", multiplicacion)   #
Multiplicación: 16
print("División:", division)   # División: 4.0
```

Cuadro 36

1.2. Flotantes

Los flotantes son números con decimales. También pueden ser positivos, negativos o cero.

• Ejemplo:

```
numero_positivo = 5.7
numero_negativo = -3.4
cero = 0.0
```

Cuadro 37

Al igual que con los enteros, podemos realizar operaciones matemáticas con flotantes.

- Ejemplo:

```
a = 5.5
b = 2.2
suma = a + b          # 7.7
resta = a - b          # 3.3
multiplicacion = a * b  # 12.1
division = a / b        # 2.5
```

Cuadro 38

- Ejercicio:
1. Declara dos variables con números flotantes.
2. Realiza las operaciones de suma, resta, multiplicación y división con estas variables.
3. Imprime los resultados.
- Solución:

```
numero1 = 3.6
numero2 = 1.2
suma = numero1 + numero2
resta = numero1 - numero2
multiplicacion = numero1 * numero2
division = numero1 / numero2
print("Suma:", suma)  # Suma: 4.8
print("Resta:", resta)  # Resta: 2.4
print("Multiplicación:", multiplicacion)  #
Multiplicación: 4.32
print("División:", division)  # División: 3.0
```

Cuadro 39

2. Cadenas de Texto (Strings)

Como hemos visto antes, las cadenas de texto son secuencias de caracteres (letras, números y símbolos) que están entre comillas simples o dobles. Las cadenas se utilizan para almacenar texto, principalmente. Es importante hacer muchos ejemplos con ellas, porque son realmente útiles para programar.

- Ejemplo:

```
mensaje = "Hola, Mundo"
nombre = 'Ana'
```

Cuadro 40

Podemos combinar (concatenar) cadenas usando el operador +.

- Ejemplo:

```
mensaje = "Hola, Mundo"
nombre = 'Ana'
saludo = "Hola, " + nombre
print(saludo)   # Hola, Ana
```

Cuadro 41

Podemos también repetir cadenas usando el operador *.

- Ejemplo:

```
repetir = "¡Hurra! " * 3
print(repetir)   # ¡Hurra! ¡Hurra! ¡Hurra!
```

Cuadro 42

Observa: Aquí la variable repetir contendrá una exclamación, una Hache mayúscula, una u minúscula, una erre minúscula, otra erre minúscula, una a minúscula, una exclamación y un espacio y después lo mismo una segunda vez y una tercera vez.

- Ejercicio:
1. Declara una variable con tu nombre.
2. Declara otra variable con tu saludo favorito.
3. Combina estas dos variables en un solo mensaje y repite el saludo tres veces.
4. Imprime el mensaje resultante.
- Solución:

```
nombre = "Juan"
saludo = "¡Buenos días!"
mensaje = (saludo + " " + nombre + " ") * 3
print(mensaje)   # ¡Buenos días! Juan ¡Buenos
días! Juan ¡Buenos días! Juan
```

Cuadro 43

2.1. Métodos de cadenas

Las cadenas tienen métodos que nos ayudan a manipular y trabajar con texto. Aquí hay algunos métodos comunes, incluyendo algunos de los que ya hemos visto:

- `.upper()`: Convierte la cadena a mayúsculas.
- `.lower()`: Convierte la cadena a minúsculas.
- `.replace("viejo", "nuevo")`: Reemplaza parte de la cadena con otra cadena.
- `.find("subcadena")`: Encuentra la posición de una subcadena dentro de una cadena.
- Ejemplo:

```
texto = "¡Python es divertido!"
print(texto.upper())  # ¡PYTHON ES DIVERTIDO!
print(texto.lower())  # ¡python es divertido!
print(texto.replace("divertido", "genial"))  #
¡Python es genial!
print(texto.find("Python"))  # 1
```
Cuadro 44

- Ejercicio:
1. Declara una variable con un texto que te guste.
2. Convierte el texto a mayúsculas y minúsculas.
3. Reemplaza una palabra en el texto por otra palabra.
4. Encuentra la posición de una palabra en el texto.
5. Imprime los resultados.
- Solución:

```
texto = "Me encanta programar en Python"
print(texto.upper())  # ME ENCANTA PROGRAMAR EN
PYTHON
print(texto.lower())  # me encanta programar en
python
nuevo_texto = texto.replace("Python",
"JavaScript")
print(nuevo_texto)  # Me encanta programar en
JavaScript
posicion = texto.find("programar")
print(posicion)  # 11
```
Cuadro 45

Recuerda: La primera letra del texto es la 0, la segunda es la 1, etc. Por eso, posición es 11, porque posición es en qué letra encontramos el texto "programar", que, contando los espacios en blanco, está en la posición 11 si empezamos a contar desde la 0.

3. Listas

Las listas son colecciones de elementos que están ordenados y pueden cambiarse (modificarse). Los elementos de una lista pueden ser de diferentes tipos de datos. Imagina una lista de compras donde puedes agregar, quitar o cambiar artículos.

- Ejemplo:

```
numeros = [1, 2, 3, 4, 5]
nombres = ["Ana", "Luis", "Carlos"]
mixta = [1, "dos", 3.0, True]
```

Cuadro 46

Podemos acceder a los elementos de una lista usando índices, que empiezan desde 0.

- Ejemplo:

```
numeros = [1, 2, 3, 4, 5]
nombres = ["Ana", "Luis", "Carlos"]
primer_numero = numeros[0]   # 1
segundo_nombre = nombres[1]   # Luis
```

Cuadro 47

Podemos agregar, quitar o cambiar elementos de una lista usando métodos como append, remove y la asignación directa, lo cual es muy útil.

- Ejemplo:

```
numeros = [1, 2, 3, 4, 5]
nombres = ["Ana", "Luis", "Carlos"]
mixta = [1, "dos", 3.0, True]
numeros.append(6)       # Añade 6 al final de la
lista
nombres.remove("Luis")   # Quita "Luis" de la
lista
mixta[1] = "dos"        # Cambia el segundo
elemento a "dos"
```

Cuadro 48

- Ejercicio:
1. Crea una lista de tus frutas favoritas.
2. Agrega una nueva fruta al final de la lista.
3. Cambia una fruta en la lista por otra fruta.

4. Elimina una fruta de la lista.
5. Imprime la lista resultante.

- Solución:

```
frutas = ["manzana", "banana", "cereza"]
frutas.append("pera")  # Añadir una nueva fruta
frutas[1] = "naranja"  # Cambiar banana por
naranja
frutas.remove("cereza")  # Eliminar cereza
print(frutas)  # ['manzana', 'naranja', 'pera']
```

Cuadro 49

¿**Sabías que...?** Las listas pueden contener otras listas. Esto se conoce como listas anidadas. En ese caso, los elementos de una lista son otras listas y los elementos de estas pueden ser cualquier cosa (números, strings, listas…).

- Ejemplo:

```
lista_anidada = [[1, 2, 3], ["a", "b", "c"]]
print(lista_anidada[0])  # [1, 2, 3]
print(lista_anidada[1][1])  # b
```

Cuadro 50

- Más ejemplos de listas:

```
# Crear una lista
colores = ["rojo", "verde", "azul"]
print(colores)

# Acceder a elementos
print(colores[0])  # rojo
print(colores[2])  # azul

# Cambiar elementos
colores[1] = "amarillo"
print(colores)  # ['rojo', 'amarillo', 'azul']

# Eliminar elementos
colores.remove("rojo")
print(colores)  # ['amarillo', 'azul']

# Añadir elementos
colores.append("morado")
print(colores)  # ['amarillo', 'azul', 'morado']
```

```
# Insertar elementos en una posición específica
colores.insert(1, "naranja")
print(colores)  # ['amarillo', 'naranja', 'azul',
'morado']
```

Cuadro 51

Prueba esto: Escribe un programa que cree una lista de tus animales favoritos, cambie uno de los animales, elimine otro y agregue un nuevo animal al final.

4. Ejercicio Final

¡Ahora es tu turno de poner en práctica todo lo que has aprendido en este capítulo!

4.1. Tarea:

1. Crea una variable para almacenar tu nombre.
2. Crea una variable para almacenar tu edad.
3. Crea una lista con tres de tus colores favoritos.
4. Agrega otro color favorito al final de la lista.
5. Imprime un mensaje que diga "¡Hola, mi nombre es [tu nombre] y tengo [tu edad] años! Mis colores favoritos son [colores]."

- Solución:

```
nombre = "TuNombre"
edad = 10
colores_favoritos = ["Rojo", "Verde", "Azul"]
colores_favoritos.append("Amarillo")
print("¡Hola, mi nombre es " + nombre + " y tengo
" + str(edad) + " años! Mis colores favoritos son
" + str(colores_favoritos) + ".")
```

Cuadro 52

5. Ejercicios Adicionales

Para reforzar lo aprendido, aquí tienes algunos ejercicios adicionales. Intenta resolverlos sin mirar las soluciones primero. No obstante, las soluciones están para que las repitas y trates de entender todo lo posible. Recuerda que este es tu inicio.

5.1. Ejercicio 1:

1. Crea una variable para almacenar el nombre de tu mascota.
2. Crea una variable para almacenar la edad de tu mascota.
3. Imprime un mensaje que diga "Mi mascota se llama [nombre de la mascota] y tiene [edad de la mascota] años."

- Solución:

```
nombre_mascota = "Fido"
edad_mascota = 3
print("Mi mascota se llama " + nombre_mascota + "
y tiene " + str(edad_mascota) + " años.")
```
Cuadro 53

5.2. Ejercicio 2:

1. Crea una lista con los nombres de tres de tus amigos.
2. Cambia el segundo nombre de la lista por otro nombre de tu elección.
3. Elimina el primer nombre de la lista.
4. Agrega un nuevo nombre al final de la lista.
5. Imprime la lista resultante.

- Solución:

```
amigos = ["Carlos", "María", "Pedro"]
amigos[1] = "Ana"
amigos.remove("Carlos")
amigos.append("Luis")
print(amigos)  # ['Ana', 'Pedro', 'Luis']
```
Cuadro 54

5.3. Ejercicio 3:

1. Crea una cadena que diga "Me gusta programar en Python".
2. Convierte toda la cadena a mayúsculas y muéstrala.
3. Convierte toda la cadena a minúsculas y muéstrala.
4. Reemplaza la palabra "Python" por "JavaScript" y muestra la nueva cadena.

- Solución:

```
cadena = "Me gusta programar en Python"
print(cadena.upper())  # ME GUSTA PROGRAMAR EN
```

```
PYTHON
print(cadena.lower())  # me gusta programar en
python
nueva_cadena = cadena.replace("Python",
"JavaScript")
print(nueva_cadena)  # Me gusta programar en
JavaScript
```

Cuadro 55

5.4. Ejercicio 4:

1. Crea una lista con cinco números.
2. Calcula la suma de todos los números de la lista usando la función sum que ya existe en Python, mira la solución para ver cómo hacerlo.
3. Calcula el promedio de los números de la lista. Esto se hace dividiendo la suma por la cantidad de números que hemos sumado, que se puede calcular utilizando la función len para contar cuántos números hay.
4. Imprime la suma y el promedio.

- Solución:

```
numeros = [4, 7, 1, 8, 3]
suma = sum(numeros)
promedio = suma / len(numeros)
print("Suma:", suma)  # Suma: 23
print("Promedio:", promedio)  # Promedio: 4.6
```

Cuadro 56

Tip: Hay multitud de funciones ya existentes, como sum (suma) o len (recuento o longitud) que te ayudarán poco a poco a programar mejor y con más facilidad. No obstante, puedes repetir el ejercicio sin esto mediante la solución alternativa siguiente. Más adelante veremos cómo hacer bucles para pasar por todos los elementos de una lista y así poder sumarlos, contarlos o lo que queramos.

```
numeros = [4, 7, 1, 8, 3]
suma = numeros[0] + numeros[1] + numeros[2] +
numeros[3] + numeros[4]
contador = 5
promedio = suma / contador
print("Suma:", suma)  # Suma: 23
```

```
print("Promedio:", promedio)   # Promedio: 4.6
```
Cuadro 57

En este capítulo hemos aprendido sobre los diferentes tipos de datos en Python, cómo trabajar con ellos y cómo realizar operaciones básicas. Con estos conocimientos, ya puedes empezar a crear programas más complejos y útiles. ¡Sigue adelante y diviértete programando!

CAPÍTULO 5: CONTROL DE FLUJO Y ENTRADA DE DATOS

1. Control de Flujo

El control de flujo en Python nos permite tomar decisiones en nuestros programas y repetir ciertas acciones. Los dos conceptos más importantes en el control de flujo son las condicionales y los bucles.

1.1. Condicionales

Las condicionales nos permiten tomar decisiones en nuestro programa. Usamos las declaraciones `if`, `elif` y `else` para ejecutar diferentes bloques de código según ciertas condiciones. Esto es similar a la vida real: si pasa esto haremos esta cosa, si no, entonces, haremos esa otra.

1.2. ¿Qué son las condicionales?

Imagina que estás jugando un juego en el que tienes que decidir si cruzar un río. Si hay un puente, puedes cruzar. Si no hay puente, pero hay un bote, también puedes cruzar. Si no hay ni puente ni bote, no puedes cruzar. Esto es similar a cómo funcionan las condicionales en programación.

1.3. Sintaxis de las condicionales

La estructura básica de una condicional en Python es la siguiente:

```
if condición:
    # Bloque de código si la condición es
verdadera
elif otra_condición:
    # Bloque de código si la otra condición es
verdadera
else:
    # Bloque de código si ninguna condición es
verdadera
```

- Ejemplo:

```
edad = 18
if edad >= 18:
    print("Eres mayor de edad.")
else:
    print("Eres menor de edad.")
```

Cuadro 58

> **Comprobación:** Prueba este programa cambiando la edad a valores diferentes, menores que 18 o mayores que 18 y comprueba que la condicional funciona.

En este ejemplo, si la variable edad es mayor o igual a 18, se imprime "Eres mayor de edad." De lo contrario, se imprime "Eres menor de edad."

> **Analogía:** Piensa en una condicional como en una bifurcación en el camino. Dependiendo de si una condición es verdadera o falsa, tomarás un camino u otro.

- Más ejemplos de condicionales:

```
# Usando elif
dia = "lunes"
if dia == "lunes":
    print("Es lunes, empieza la semana.")
elif dia == "viernes":
    print("Es viernes, casi fin de semana.")
else:
    print("Es otro día de la semana.")
```

Cuadro 59

Nota: Los operadores de comparación que usamos en las condicionales son:

== igual a

!= diferente de

> mayor que

< menor que

>= mayor o igual que

<= menor o igual que

- Ejercicio:
1. Declara una variable `temperatura` y asígnale un valor.
2. Escribe una condicional que imprima "Hace frío" si la temperatura es menor a 15 grados, "Hace calor" si es mayor a 25 grados y "El clima es agradable" para otros valores.
3. Imprime el resultado.

- Solución:

```
temperatura = 20
if temperatura < 15:
    print("Hace frío")
elif temperatura > 25:
    print("Hace calor")
else:
    print("El clima es agradable")
```

Cuadro 60

1.4. Bucles

Los bucles nos permiten repetir acciones varias veces. Hay dos tipos principales de bucles en Python: `for` y `while`. Estas palabras se traducen como por y mientras. Imagínalo como "haz esto por 10 veces seguidas" o "haz esto mientras no llegue la hora de cenar".

1.5. Bucle `for`

El bucle `for` se usa para iterar sobre una secuencia (como una lista o una cadena de texto). Imagina que estás comiendo un paquete de galletas y quieres comerte una galleta cada vez hasta que el paquete esté vacío. El bucle `for` hace algo similar, repite una acción para cada elemento de una secuencia.

1.6. Sintaxis del bucle `for`

```
for variable in secuencia:
    # Bloque de código que se ejecuta en cada
iteración
```

- Ejemplo:

```
for numero in [1, 2, 3, 4, 5]:
    print(numero)
```

Cuadro 61

Aclaración: Este programa toma cada número de esa lista y comienza a ejecutar el bucle. Lo primero que hace es tomar el 1 y llamarle `numero`. Entonces ejecuta `print(numero)`. A continuación, coge el 2, le llama `numero` y ejecuta `print(numero)`. Es decir, que `numero` es una variable que en cada iteración del bucle `for`, va a tener un valor diferente de todos los que hay en la lista [1, 2, 3, 4, 5].

- Más ejemplos de bucle `for`:

```
# Iterando sobre una cadena
for letra in "Python":
    print(letra)

# Usando range() para iterar sobre una secuencia
de números
for i in range(5):
    print(i)
```

Cuadro 62

Tips: En primer lugar, observa que un `string` es como una lista de letras, también funciona el bucle `for`. Por otro lado, como ves, puedes usar `range` para obtener los números desde el 0 hasta justo antes del número que pongas en `range`.

- Ejercicio:
1. Declara una lista con tus tres frutas favoritas.
2. Usa un bucle `for` para imprimir cada fruta de la lista.
- Solución:

```
frutas = ["manzana", "banana", "cereza"]
for fruta in frutas:
```

```
print(fruta)
```
Cuadro 63

1.7. Bucle `while`

El bucle `while` repite un bloque de código mientras una condición sea verdadera. Es como decir "Mientras haya galletas en el paquete, sigue comiendo".

1.8. Sintaxis del bucle `while`

```
while condición:
    # Bloque de código que se ejecuta mientras la
condición sea verdadera
```

- Ejemplo:

```
contador = 0
while contador < 5:
    print(contador)
    contador = contador + 1
```
Cuadro 64

Tip: Puedes utilizar `contador += 1` en lugar de `contador = contador + 1` que es una forma abreviada de escribirlo. Recuerda que Python tiene multitud de opciones para abreviar el código y hacerlo más compacto.

En este ejemplo, el bucle `while` imprime el valor de `contador` mientras `contador` sea menor que 5. Después de cada iteración, `contador` se incrementa en 1.

- Ejercicio:
1. Usa un bucle `while` para imprimir los números del 1 al 5.
- Solución:

```
contador = 1
while contador <= 5:
    print(contador)
    contador += 1
```
Cuadro 65

¡Importante! Si se te olvida hacer `contador += 1` dentro del bucle `while`, el programa no sabrá cuándo parar. Esto es porque `contador` nunca cambiará y siempre será 1, que es menor o igual a 5, así que el bucle seguirá repitiéndose sin fin. ¡Y eso sería un problema! El programa no terminará nunca y seguirá imprimiendo 1 una y otra vez. Esto se llama un *bucle infinito*. ¡Socorro! Para evitar esto, siempre asegúrate de que `contador` o cualquier variable que uses en el bucle cambie de alguna manera para que el bucle pueda terminar. ¡Y eso es todo! Así es como funciona un bucle `while` y por qué es importante asegurarse de que el contador cambie en cada vuelta.

2. Entrada de Datos con `input`

La función `input` nos permite pedir datos al usuario. Esta función detiene la ejecución del programa y espera a que el usuario ingrese un valor. El valor ingresado siempre se guarda como una cadena de texto (string).

- Ejemplo:

```
nombre = input("¿Cuál es tu nombre? ")
print("Hola, " + nombre + "!")
```

Cuadro 66

En este ejemplo, el programa pide al usuario su nombre y luego imprime un saludo personalizado. Al ejecutarlo, el programa escribe la pregunta, el usuario debe escribir a continuación la respuesta y pulsar Intro para que el programa continúe.

> **Nota:** Si necesitas que el usuario ingrese un número, debes convertir la entrada de texto a un número usando `int()` o `float()`.

- Ejemplo:

```
edad = int(input("¿Cuántos años tienes? "))
print("Tendrás " + str(edad + 1) + " años el
próximo año.")
```

Cuadro 67

En este ejemplo, el programa pide al usuario su edad, la convierte a un número entero y luego calcula cuántos años tendrá el próximo año.

- Ejercicio:
1. Pide al usuario que ingrese su nombre.

2. Pide al usuario que ingrese su edad.
3. Imprime un mensaje que diga "Hola, [nombre]. Tienes [edad] años."

- Solución:

```
nombre = input("¿Cuál es tu nombre? ")
edad = int(input("¿Cuántos años tienes? "))
print("Hola, " + nombre + ". Tienes " + str(edad)
+ " años.")
```

Cuadro 68

- Ejercicio 2:
1. Pide al usuario que ingrese un número.
2. Usa un bucle for para imprimir todos los números desde 1 hasta el número ingresado.

- Solución:

```
numero = int(input("Ingresa un número: "))
for i in range(1, numero + 1):
    print(i)
```

Cuadro 69

3. Ejercicios Adicionales

Para reforzar lo aprendido, aquí tienes algunos ejercicios adicionales. Intenta resolverlos sin mirar las soluciones primero.

3.1. Ejercicio 1:

1. Pide al usuario que ingrese su comida favorita.
2. Usa un bucle for para imprimir la comida favorita tres veces.

- Solución:

```
comida_favorita = input("¿Cuál es tu comida
favorita? ")
for i in range(3):
    print(comida_favorita)
```

Cuadro 70

3.2. Ejercicio 2:

1. Pide al usuario que ingrese un número.

2. Usa un bucle `while` para imprimir los números del 1 al número ingresado.

- Solución:

```
numero = int(input("Ingresa un número: "))
contador = 1
while contador <= numero:
    print(contador)
    contador += 1
```

Cuadro 71

3.3. Ejercicio 3:

1. Pide al usuario que ingrese su nombre.
2. Pide al usuario que ingrese una cantidad de repeticiones.
3. Usa un bucle `for` para imprimir el nombre del usuario la cantidad de veces especificada.

- Solución:

```
nombre = input("¿Cuál es tu nombre? ")
repeticiones = int(input("¿Cuántas veces quieres
ver tu nombre? "))
for i in range(repeticiones):
    print(nombre)
```

Cuadro 72

3.4. Ejercicio 4:

1. Pide al usuario que ingrese dos números.
2. Usa una condicional para determinar cuál número es mayor y cuál es menor, o si son iguales.
3. Imprime un mensaje que indique el resultado.

- Solución:

```
numero1 = int(input("Ingresa el primer número:
"))
numero2 = int(input("Ingresa el segundo número:
"))
if numero1 > numero2:
    print(str(numero1) + " es mayor que " +
str(numero2))
elif numero1 < numero2:
    print(str(numero1) + " es menor que " +
```

```
str(numero2))
else:
    print(str(numero1) + " es igual a " +
str(numero2))
```

Cuadro 73

> **Observa:** Puedes convertir las variables numéricas en textos con la función `str` que ya existe en Python y así luego puedes unir todas las frases con el símbolo de sumar. Veamos otra manera de hacer esto.

```
numero1 = int(input("Ingresa el primer número:
"))
numero2 = int(input("Ingresa el segundo número:
"))
if numero1 > numero2:
    print(numero1, "es mayor que", numero2)
elif numero1 < numero2:
    print(numero1, "es menor que", numero2)
else:
    print(numero1, "es igual a", numero2)
```

Cuadro 74

3.5. Ejercicio 5:

1. Pide al usuario que ingrese una palabra.
2. Usa un bucle `for` para imprimir cada letra de la palabra en una línea separada.

- Solución:

```
palabra = input("Ingresa una palabra: ")
for letra in palabra:
    print(letra)
```

Cuadro 75

En este capítulo hemos explorado cómo controlar el flujo de nuestros programas y cómo interactuar con el usuario a través de la entrada de datos. Aprendiste a tomar decisiones usando condicionales, a repetir acciones con bucles y a hacer tus programas más dinámicos con la función `input`. Con estas herramientas, tienes el poder de hacer que tus programas piensen, reaccionen y se adapten a diferentes situaciones. ¡Ahora estás listo para enfrentar desafíos más emocionantes y seguir creando proyectos únicos! ¡Sigue programando y dejando volar tu imaginación! 🚀

CAPÍTULO 6: FUNCIONES EN PYTHON

1. ¿Qué es una Función?

Una función es como una receta de cocina. Imagina que quieres hacer una pizza. Tienes que seguir una serie de pasos: preparar la masa, poner los ingredientes, y hornear. En programación, una función es un conjunto de instrucciones que realizamos para hacer algo específico, como en la receta de la pizza.

2. ¿Por qué Usar Funciones?

Las funciones son útiles porque:
- Nos ayudan a evitar repetir el mismo código.
- Hacen que el código sea más fácil de leer y entender.
- Nos permiten dividir un problema grande en partes más pequeñas y manejables.

3. Definiendo una Función

Para definir una función en Python, usamos la palabra clave def, seguida del nombre de la función y paréntesis (). Dentro de los paréntesis, podemos incluir parámetros que la función necesitará para trabajar. Luego viene un bloque de código indentado que constituye el cuerpo de la función.

3.1. Sintaxis

```
def nombre_de_la_funcion(parametros):
    # Bloque de código
```

- Veamos un ejemplo que igual te suena de algo (viajando al pasado):

```
def saludar():
    print("¡Hola!")
    print("¿Cómo estás?")
```

Cuadro 76

En este ejemplo, hemos definido una función llamada `saludar` que imprime dos líneas de texto. Este código, por sí solo no produce ningún resultado visible, solo estamos definiendo esa función para que pueda usarse posteriormente.

4. Llamando a una Función

Para usar una función, simplemente escribimos su nombre seguido de paréntesis `()`. Esto se llama "llamar" a la función.

- Ejemplo:

```
def saludar():
    print("¡Hola!")
    print("¿Cómo estás?")

saludar()
```

Cuadro 77

En este ejemplo, definimos la función `saludar` y luego la llamamos, lo que hace que se ejecute el bloque de código dentro de la función.

5. Parámetros y Argumentos

Las funciones pueden recibir información a través de parámetros. Los parámetros son como los ingredientes de una receta. Los argumentos son los valores reales que pasamos a la función cuando la llamamos. Podemos pasarle una variable para que coja su valor o pasarle directamente un valor para que lo utilice al ejecutarla.

* Ejemplo:

```
def saludar(nombre):
    print("¡Hola, " + nombre + "!")
    print("¿Cómo estás?")

saludar("Ana")
saludar("Luis")
```

Cuadro 78

En este ejemplo, la función `saludar` tiene un parámetro `nombre`. Cuando llamamos a la función (la ejecutamos), pasamos el argumento "Ana" y luego "Luis", que se usan dentro de la función.

6. Desmenuzando un Ejemplo

Vamos a ver un ejemplo paso a paso para entender mejor cómo funcionan las funciones con parámetros.

6.1. Ejemplo Desmenuzado

```
def saludar(nombre):
    print("¡Hola, " + nombre + "!")
    print("¿Cómo estás?")

saludar("Ana")
```

Cuadro 79

1. **Definición de la función:**

```
def saludar(nombre):
```

Aquí estamos definiendo una función llamada `saludar` que tiene un parámetro llamado `nombre`.

2. **Cuerpo de la función:**

```
print("¡Hola, " + nombre + "!")
print("¿Cómo estás?")
```

Este es el bloque de código que se ejecutará cuando llamemos a la función. Imprime un saludo personalizado usando el valor del parámetro `nombre`. Observa que hemos escrito todo este bloque de código indentado, poniendo espacios en blanco antes de cada línea para que queden alineadas. De esta forma, todo esto está dentro de la definición de la función.

3. **Llamada a la función:**

```
saludar("Ana")
```

Aquí estamos llamando a la función `saludar` y pasándole el argumento `"Ana"`. La función usará este valor para el parámetro `nombre`.

4. **Ejecución de la función:** Cuando llamamos a `saludar("Ana")`, la salida será:

```
¡Hola, Ana!
¿Cómo estás?
```

Es importante entender en qué orden se está ejecutando este código. Normalmente, un programa se ejecuta desde la primera línea hasta la última, en orden. Hemos visto cómo alterar esto con condicionales y bucles. En el caso de funciones, también hay cambios en esto. Vamos a analizarlo.

6.2. Análisis del ejemplo paso a paso

Primero, necesitamos recordar qué es una función. Una función es como una pequeña receta o un conjunto de instrucciones que le damos a la computadora para que haga algo específico cuando se lo pidamos.

1. **Crear la función:**

```
def saludar(nombre):
    print("¡Hola, " + nombre + "!")
    print("¿Cómo estás?")
```

- `def saludar(nombre):` Esta línea dice: "Voy a crear una receta llamada saludar que necesita un ingrediente llamado nombre".

- `print("¡Hola, " + nombre + "!")`: Esta línea es una de las instrucciones de la receta. Dice: "Imprime (muestra en la pantalla) ¡Hola, nombre!".

- `print("¿Cómo estás?")`: Esta línea es otra instrucción de la receta. Dice: "Imprime ¿Cómo estás?".

2. Usar la función:

```
saludar("Ana")
```

- Esta línea dice: "Usa la receta saludar y dale el ingrediente Ana".

6.3. Orden de ejecución

¿Cómo se ejecuta el código?

1. Primero, el programa lee las tres primeras líneas:

```
def saludar(nombre):
    print("¡Hola, " + nombre + "!")
    print("¿Cómo estás?")
```

El programa entiende que hemos creado una receta (función) llamada saludar, pero no hace nada con ella todavía. Solo la guarda en su memoria para usarla después. Digamos que se anota dónde está para volver más tarde a usarla.

Después, el programa llega a la última línea:

```
saludar("Ana")
```

Aquí el programa dice: "¡Ah, ahora tengo que usar la receta saludar con el ingrediente Ana!".

El programa va a la receta (función saludar) y sigue las instrucciones dentro de ella:

print("¡Hola, " + nombre + "!"): Imprime en la pantalla "¡Hola, Ana!".

print("¿Cómo estás?"): Imprime en la pantalla "¿Cómo estás?".

Finalmente, después de usar la receta (ejecutar la función), el programa continúa con cualquier otra cosa que venga después (si hubiera más líneas de código).

En resumen, los pasos que se siguen son:

- Crear la función es como escribir una receta.
- Usar la función es como seguir la receta para hacer algo (en este caso, saludar a Ana).
- El programa lee y guarda la receta primero, y solo cuando se le dice, la usa con los ingredientes que le damos. Se puede usar muchas veces, pero basta con definirla una sola vez al

principio.

7. Retornando Valores

Las funciones pueden devolver un valor usando la palabra clave `return`. Esto es útil cuando queremos que la función realice un cálculo y nos dé el resultado.

- Ejemplo:

```
def sumar(a, b):
    return a + b

resultado = sumar(3, 4)
print("El resultado es:", resultado)
```

Cuadro 80

En este ejemplo, la función `sumar` toma dos parámetros a y b, y devuelve su suma. Luego, llamamos a la función con los argumentos 3 y 4, y guardamos el resultado en la variable `resultado`. Observa estas palabras para conocer el lenguaje que se suele utilizar: función, parámetros o argumentos. Poco a poco te irás acostumbrando a ellas.

8. Desmenuzando un Ejemplo con `return`

Vamos a ver un ejemplo paso a paso para entender mejor cómo funcionan las funciones que devuelven valores.

8.1. Ejemplo Desmenuzado

```
def multiplicar(a, b):
    return a * b

resultado = multiplicar(6, 7)
print("El resultado es:", resultado)
```

Cuadro 81

1. Definición de la función:

```
def multiplicar(a, b):
```

Aquí estamos definiendo una función llamada `multiplicar` que tiene dos parámetros a y b.

2. Cuerpo de la función:

```
return a * b
```

Nota: Este es el bloque de código que se ejecutará cuando llamemos a la función. Calcula el producto de a y b y devuelve el resultado. Fíjate que no ponemos return "a * b", porque queremos que interprete a * b y devuelva el resultado, no la frase "a * b".

3. Llamada a la función:

```
resultado = multiplicar(6, 7)
```

Aquí estamos llamando a la función multiplicar y pasándole los argumentos 6 y 7. La función calculará 6 * 7 y devolverá 42, que se guardará en la variable resultado.

4. Impresión del resultado:

```
print("El resultado es:", resultado)
```

La salida será:

```
El resultado es: 42
```

9. Ejercicio Final

¡Ahora es tu turno de poner en práctica todo lo que has aprendido en este capítulo! Vamos a plantear una tarea con todo lo visto.

9.1. Tarea

1. Crea una función llamada dividir que tome dos parámetros y devuelva su cociente.
2. Llama a la función con los argumentos 20 y 4.
3. Imprime el resultado.

- Solución:

```
def dividir(a, b):
    return a / b

resultado = dividir(20, 4)
print("El resultado es:", resultado)
```

Cuadro 82

10. Ejercicios Adicionales

Para reforzar lo aprendido, aquí tienes algunos ejercicios adicionales. Intenta resolverlos sin mirar las soluciones primero.

10.1. Ejercicio 1

1. Crea una función llamada saludar_persona que tome un parámetro nombre y que imprima "Hola, [nombre]".
2. Llama a la función con tu propio nombre.
- Solución:

```
def saludar_persona(nombre):
    print("Hola, " + nombre)

saludar_persona("Juan")
```

Cuadro 83

10.2. Ejercicio 2

1. Crea una función llamada elevar_al_cuadrado que tome un número y devuelva ese número elevado al cuadrado, es decir, ese número multiplicado por sí mismo.
2. Llama a la función con el número 5 y guarda el resultado en una variable.
3. Imprime el resultado.
- Solución:

```
def elevar_al_cuadrado(numero):
    return numero ** 2

resultado = elevar_al_cuadrado(5)
print("El resultado es:", resultado)
```

Cuadro 84

Observación: en este caso se ha utilizado numero ** 2 para elevarlo al cuadrado, pero sería lo mismo que poner numero * numero.

10.3. Ejercicio 3

1. Crea una función llamada es_par que tome un número y

devuelva `True` si el número es par, y `False` si el número es impar.

2. Llama a la función con el número 4 y guarda el resultado en una variable.

3. Imprime el resultado.

- Solución:

```
def es_par(numero):
    if numero % 2 == 0:
        es_par_o_no = True   # Asignamos la
variable a True si el número es par
    else:
        es_par_o_no = False  # La variable será
False si el número es impar
    return es_par_o_no  # Devolvemos el resultado

resultado = es_par(4)
print("El número es par:", resultado)
```

Cuadro 85

¿Quieres ver una solución más compacta? No es necesario almacenar `True` o `False` en una variable, podemos hacer el `return` dentro de cada comprobación. Mira esta alternativa:

```
def es_par(numero):
    if numero % 2 == 0:
        return True
    else:
        return False

resultado = es_par(4)
print("El número es par:", resultado)
```

Cuadro 86

¿Quieres ver una solución aún más compacta? No es necesario hacer la comprobación `if`, ya que el resultado de la comparación va a ser exactamente `True` o `False`. Mira esta nueva alternativa:

```
def es_par(numero):
    return numero % 2 == 0

resultado = es_par(4)
print("El número es par:", resultado)
```

Cuadro 87

Es muy típico en Python que haya formas de abreviar mucho el código, lo cual lo hace muy interesante y cómodo.

10.4. Ejercicio 4

1. Crea una función llamada `calcular_area_circulo` que tome el radio de un círculo y devuelva su área. (Área = π * radio * radio, usa 3.14 como el valor del número pi, π).
2. Llama a la función con el radio 3 y guarda el resultado en una variable.
3. Imprime el resultado.

- Solución:

```
def calcular_area_circulo(radio):
    pi = 3.14
    return pi * radio * radio

resultado = calcular_area_circulo(3)
print("El área del círculo es:", resultado)
```
Cuadro 88

10.5. Ejercicio 5

1. Crea una función llamada `calcular_promedio` que tome una lista de números y devuelva su promedio (si no sabes qué es esto, simplemente mira la solución).
2. Llama a la función con la lista `[10, 20, 30, 40, 50]` y guarda el resultado en una variable.
3. Imprime el resultado.

- Solución:

```
def calcular_promedio(lista_numeros):
    suma = sum(lista_numeros)
    cantidad = len(lista_numeros)
    return suma / cantidad

resultado = calcular_promedio([10, 20, 30, 40,
50])
print("El promedio es:", resultado)
```
Cuadro 89

10.6. Ejercicio 6

1. Crea una función llamada `saludo_personalizado` que tome dos argumentos: un `nombre` y una `edad`.
2. La función debe imprimir un mensaje que diga `"¡Hola, [nombre]! Tienes [edad] años."`
3. Llama a la función con el nombre `"Carlos"` y la edad `12`.

- Solución:

```
def saludo_personalizado(nombre, edad):
    print("¡Hola, " + nombre + "! Tienes " +
str(edad) + " años.")

# Llamamos a la función con el nombre "Carlos" y
la edad 12
saludo_personalizado("Carlos", 12)
```

Cuadro 90

Nota: Como ves, una función puede tener muchos argumentos.

En este capítulo hemos aprendido sobre las funciones en Python: qué son, por qué son útiles, cómo definirlas, cómo llamarlas, cómo pasarles parámetros y cómo devolver valores. Con estos conocimientos, ya puedes crear programas más organizados y reutilizables. ¡No te detengas y sigue disfrutando del viaje de programar!

CAPÍTULO 7: PROYECTOS DIVERTIDOS

En este capítulo, vamos a crear algunos proyectos divertidos usando Python. Estos proyectos te ayudarán a poner en práctica todo lo que has aprendido hasta ahora sobre variables, tipos de datos, control de flujo, funciones y entrada de datos.

1. Proyecto 1: Juego de Adivinanzas

Vamos a crear un simple juego de adivinanzas en el que la computadora elige un número al azar y el jugador tiene que adivinarlo.

1.1. Paso 1: Importar la Biblioteca `random`

Python tiene una biblioteca llamada `random` que nos permite generar números al azar. Para usarla, primero necesitamos importarla.

```
import random
```

1.2. Paso 2: Definir la Función Principal del Juego

Vamos a definir una función llamada `juego_adivinanzas` que contendrá toda la lógica del juego.

```
def juego_adivinanzas():
    numero_secreto = random.randint(1, 100)   #
```

```
Elige un número al azar entre 1 y 100
    intentos = 0
    adivinado = False

    print("¡Bienvenido al juego de adivinanzas!")
    print("Estoy pensando en un número entre 1 y
100.")

    while not adivinado:
        intento = int(input("Adivina el número:
"))

        intentos += 1

        if intento == numero_secreto:
            print(f"¡Felicidades! Adivinaste el
número en {intentos} intentos.")
            adivinado = True
        elif intento < numero_secreto:
            print("El número es mayor.")
        else:
            print("El número es menor.")
```

¡**Atención!** Hemos empleado un f-string para que puedas familiarizarte con su uso. En lugar de poner dentro del `print` la cadena `"¡Felicidades! Adivinaste el número en "` + `str(intentos)` + `" intentos."`, ponemos una letra `f` antes de la cadena y entonces podemos poner dentro del texto una variable entre llaves `{intentos}` para que en la cadena, se sustituya eso por el valor de esa variable. Es interesante que lo conozcas, pero si te resulta extraño ya sabes que hay otra manera de hacerlo.

1.3. Paso 3: Llamar a la Función

Finalmente, llamamos a la función para iniciar el juego.

```
juego_adivinanzas()
```

1.4. Código Completo

```
import random

def juego_adivinanzas():
    numero_secreto = random.randint(1, 100)
```

```
    intentos = 0
    adivinado = False

    print("¡Bienvenido al juego de adivinanzas!")
    print("Estoy pensando en un número entre 1 y
100.")

    while not adivinado:
        intento = int(input("Adivina el número:
"))

        intentos += 1

        if intento == numero_secreto:
            print(f"¡Felicidades! Adivinaste el
número en {intentos} intentos.")
            adivinado = True
        elif intento < numero_secreto:
            print("El número es mayor.")
        else:
            print("El número es menor.")

juego_adivinanzas()
```

Cuadro 91

2. Proyecto 2: Creador de Historias Locas

Vamos a crear un programa que genere historias graciosas pidiendo al usuario algunas palabras. Esto es similar a los juegos de "Mad Libs".

2.1. Paso 1: Definir la Función Principal

Vamos a definir una función llamada creador_historias_locas que contendrá toda la lógica del programa.

```
def creador_historias_locas():
    print("¡Bienvenido al creador de historias
locas!")

    nombre = input("Dame un nombre: ")
    lugar = input("Dame un lugar: ")
    objeto = input("Dame un objeto: ")
    accion = input("Dame una acción: ")
```

```
historia = f"Un día, {nombre} fue a {lugar}
con un {objeto}. De repente, decidió {accion}.
¡Fue una aventura increíble!"

print("\nAquí está tu historia loca:")
print(historia)
```

¡Fíjate bien! El uso de la f-string nos facilita mucho las cosas, al poner una sola cadena, con una f delante y meter en ella las variables entre llaves. Este es uno de esos conceptos que queremos añadir para que te vayan sonando. No son imprescindibles pero para un futuro, facilitan mucho el trabajo.

En este programa, usamos algo llamado \n dentro del texto que imprimimos. ¿Qué significa eso? ¡Es un truco de Python para que el texto salte a una nueva línea!

Por ejemplo, si escribes:

```
print("Hola\nMundo")
```

El resultado será:

```
Hola
Mundo
```

¿Ves? En lugar de seguir escribiendo todo en la misma línea, \n le dice a Python que baje a la siguiente línea. En nuestro programa, usamos \n para que el mensaje *"Aquí está tu historia loca:"* aparezca una línea más abajo. Siempre puedes añadir \n en tus textos para ir saltando de línea. ¡Es como pedirle a Python que respire un momento antes de seguir escribiendo! 😊

2.2. Paso 2: Llamar a la Función

Finalmente, llamamos a la función para iniciar el programa.

```
creador_historias_locas()
```

2.3. Código Completo

```
def creador_historias_locas():
    print("¡Bienvenido al creador de historias
locas!")

    nombre = input("Dame un nombre: ")
    lugar = input("Dame un lugar: ")
    objeto = input("Dame un objeto: ")
    accion = input("Dame una acción: ")

    historia = f"Un día, {nombre} fue a {lugar}
con un {objeto}. De repente, decidió {accion}.
¡Fue una aventura increíble!"

    print("\nAquí está tu historia loca:")
    print(historia)

creador_historias_locas()
```

Cuadro 92

3. Proyecto 3: Calculadora Básica

Vamos a crear una calculadora básica que pueda realizar operaciones de suma, resta, multiplicación y división.

3.1. Paso 1: Definir las Funciones para las Operaciones

Primero, vamos a definir funciones para cada una de las operaciones.

```
def sumar(a, b):
    return a + b

def restar(a, b):
    return a - b

def multiplicar(a, b):
    return a * b

def dividir(a, b):
    if b != 0:
        return a / b
    else:
        return "Error: División por cero"
```

3.2. Paso 2: Definir la Función Principal

Ahora, vamos a definir una función llamada `calculadora` que pedirá al usuario que elija una operación y dos números, y luego llamará a la función correspondiente.

```python
def calculadora():
    print("¡Bienvenido a la calculadora básica!")

    operacion = input("Elige una operación
(sumar, restar, multiplicar, dividir): ").lower()
    num1 = float(input("Ingresa el primer número:
"))
    num2 = float(input("Ingresa el segundo
número: "))

    if operacion == "sumar":
        print(f"El resultado es: {sumar(num1,
num2)}")
    elif operacion == "restar":
        print(f"El resultado es: {restar(num1,
num2)}")
    elif operacion == "multiplicar":
        print(f"El resultado es:
{multiplicar(num1, num2)}")
    elif operacion == "dividir":
        print(f"El resultado es: {dividir(num1,
num2)}")
    else:
        print("Operación no válida")
```

3.3. Paso 3: Llamar a la Función

Finalmente, llamamos a la función para iniciar el programa.

```python
calculadora()
```

3.4. Código Completo

```python
def sumar(a, b):
    return a + b

def restar(a, b):
    return a - b

def multiplicar(a, b):
```

```
    return a * b

def dividir(a, b):
    if b != 0:
        return a / b
    else:
        return "Error: División por cero"

def calculadora():
    print("¡Bienvenido a la calculadora básica!")

    operacion = input("Elige una operación
(sumar, restar, multiplicar, dividir): ").lower()
    num1 = float(input("Ingresa el primer número:
"))
    num2 = float(input("Ingresa el segundo
número: "))

    if operacion == "sumar":
        print(f"El resultado es: {sumar(num1,
num2)}")
    elif operacion == "restar":
        print(f"El resultado es: {restar(num1,
num2)}")
    elif operacion == "multiplicar":
        print(f"El resultado es:
{multiplicar(num1, num2)}")
    elif operacion == "dividir":
        print(f"El resultado es: {dividir(num1,
num2)}")
    else:
        print("Operación no válida")

calculadora()
```

Cuadro 93

4. Proyecto 4: Creador de Números de la Suerte

Vamos a crear un programa que genere un número de la suerte basado en el nombre del usuario.

4.1. Paso 1: Importar la Biblioteca **random**

Primero, necesitamos importar la biblioteca random.

```
import random
```

4.2. Paso 2: Definir la Función Principal

Vamos a definir una función llamada
`numero_de_la_suerte` que pedirá al usuario su nombre y
generará un número de la suerte basado en el nombre.

```
def numero_de_la_suerte():
    print("¡Bienvenido al creador de números de
la suerte!")

    nombre = input("¿Cuál es tu nombre? ")
    numero_suerte = random.randint(1, 100)

    print(f"Hola, {nombre}. Tu número de la
suerte es {numero_suerte}.")
```

4.3. Paso 3: Llamar a la Función

Finalmente, llamamos a la función para iniciar el programa.

```
numero_de_la_suerte()
```

4.4. Código Completo

```
import random

def numero_de_la_suerte():
    print("¡Bienvenido al creador de números de
la suerte!")

    nombre = input("¿Cuál es tu nombre? ")
    numero_suerte = random.randint(1, 100)

    print(f"Hola, {nombre}. Tu número de la
suerte es {numero_suerte}.")

numero_de_la_suerte()
```

Cuadro 94

5. Proyecto 5: Conversor de Unidades

Vamos a crear un programa que convierta kilómetros a millas.

5.1. Paso 1: Definir la Función Principal

Vamos a definir una función llamada `conversor_km_millas` que pedirá al usuario una cantidad en kilómetros y la convertirá a millas.

```
def conversor_km_millas():
    print("¡Bienvenido al conversor de kilómetros
a millas!")

    km = float(input("Ingresa la cantidad en
kilómetros: "))
    millas = km * 0.621371

    print(f"{km} kilómetros son {millas}
millas.")
```

5.2. Paso 2: Llamar a la Función

Finalmente, llamamos a la función para iniciar el programa.

```
conversor_km_millas()
```

5.3. Código Completo

```
def conversor_km_millas():
    print("¡Bienvenido al conversor de kilómetros
a millas!")

    km = float(input("Ingresa la cantidad en
kilómetros: "))
    millas = km * 0.621371

    print(f"{km} kilómetros son {millas}
millas.")

conversor_km_millas()
```

Cuadro 95

En este capítulo hemos creado varios proyectos divertidos que te ayudarán a poner en práctica todo lo que has aprendido hasta ahora. ¡Continúa explorando y disfruta del arte de programar!

CAPÍTULO 8: TRABAJANDO CON GRÁFICOS CREATIVOS

En este capítulo, vamos a aprender a dibujar gráficos usando la biblioteca Turtle de Python. Turtle es una biblioteca muy divertida que nos permite dibujar formas y patrones en la pantalla usando una "tortuga" que podemos controlar con comandos de Python.

1. Introducción a Turtle

Turtle es una biblioteca de Python que se utiliza para introducir a los niños en la programación gráfica. Es muy fácil de usar y permite crear gráficos y dibujos de manera sencilla.

1.1. Instalando Turtle

La biblioteca Turtle viene preinstalada con Python, por lo que no necesitas instalar nada adicional. Puedes empezar a usarla directamente.

1.2. Importando la Biblioteca

Para usar Turtle, primero debemos importarla en nuestro programa.

```
import turtle
```

2. Configuración Inicial

Antes de empezar a dibujar, debemos hacer algunas configuraciones iniciales.

• Ejemplo:

```
import turtle

# Crear una ventana de dibujo
ventana = turtle.Screen()
ventana.title("Mi Primer Dibujo con Turtle")
ventana.bgcolor("white")

# Crear una tortuga
mi_tortuga = turtle.Turtle()
mi_tortuga.shape("turtle")
mi_tortuga.color("blue")

turtle.done()
```

Cuadro 96

En este ejemplo, creamos una ventana de dibujo y una tortuga que usaremos para dibujar. La última instrucción `turtle.done()` solo indica que se ha terminado de dibujar y la ventana debe quedarse abierta.

> **Nota importante:** A veces, tras probar un ejemplo con Turtle y volver a ejecutarlo, puede producirse un error debido a interferencias entre el intento anterior y el actual. Si esto ocurre, simplemente intenta ejecutar el programa nuevamente y debería funcionar. En caso contrario, debes reiniciar Spyder o el IDE que estés utilizando. Otra forma de reiniciarlo para evitar ese error es desde el menú Consola, seleccionando Reiniciar el *kernel*. Esto reiniciará todo para ejecutar el programa como si fuera una nueva sesión de programación.

Pasos adicionales para solucionar problemas (por ejemplo, en Spyder):

1. Reiniciar el kernel en Spyder:

• Ve al menú Consola.

• Selecciona Reiniciar el kernel.

• Esto restablecerá el entorno de Python y eliminará cualquier interferencia de ejecuciones anteriores.

2. Ejecutar el script desde una terminal:
- Guarda tu script en un archivo .py.
- Abre una terminal o línea de comandos.
- Navega a la ubicación del archivo.
- Ejecuta el script con python nombre_del_archivo.py.

Seguir estos pasos te ayudará a evitar errores comunes y asegurará que tu experiencia con Turtle sea lo más cómoda posible.

3. Dibujando Formas Básicas

Vamos a aprender a dibujar algunas formas básicas usando Turtle.

3.1. Dibujando un Círculo

Podemos usar el método `circle` para dibujar un círculo.

```
mi_tortuga.circle(50)   # Dibuja un círculo con un
radio de 50 unidades
```

3.2. Dibujando un Cuadrado

Podemos usar un bucle `for` para dibujar un cuadrado.

```
for _ in range(4):
    mi_tortuga.forward(100)   # Avanza 100
unidades
    mi_tortuga.right(90)      # Gira 90 grados a
la derecha
```

¡Fíjate bien! En este bucle for no hay una variable como cuando ponemos, por ejemplo, `for letra in palabra`. Aquí, como no vamos a usar para nada los números 0, 1, 2 y 3, no necesitamos que tengan nombre. Entonces podemos poner simplemente una raya baja "_".

4. Moviendo la Tortuga

Podemos mover la tortuga usando los métodos `forward`, `backward`, `left` y `right`.
- Ejemplo:

```
mi_tortuga.forward(100)    # Avanza 100 unidades
hacia adelante
mi_tortuga.right(90)       # Gira 90 grados a la
derecha
mi_tortuga.forward(100)    # Avanza 100 unidades
hacia adelante
mi_tortuga.right(90)       # Gira 90 grados a la
derecha
mi_tortuga.forward(100)    # Avanza 100 unidades
hacia adelante
mi_tortuga.right(90)       # Gira 90 grados a la
derecha
mi_tortuga.forward(100)    # Avanza 100 unidades
hacia adelante
```

5. Cambiando el Color

Podemos cambiar el color de la tortuga y el color de relleno de las formas que dibuja.

• Ejemplo:

```
mi_tortuga.color("red")        # Cambia el color
de la tortuga a rojo
mi_tortuga.begin_fill()        # Empieza a
rellenar la forma
mi_tortuga.circle(50)          # Dibuja un
círculo con un radio de 50 unidades
mi_tortuga.end_fill()          # Termina de
rellenar la forma
```

6. Instrucciones útiles

Hay, en definitiva, muchas instrucciones útiles para dibujar con nuestra tortuga:

• `mi_tortuga.forward(100)`: Mueve la tortuga 100 unidades hacia adelante.

• `mi_tortuga.backward(100)`: Mueve la tortuga 100 unidades hacia atrás.

• `mi_tortuga.right(90)`: Gira la tortuga 90 grados hacia la derecha.

• `mi_tortuga.left(90)`: Gira la tortuga 90 grados hacia la izquierda.

- `mi_tortuga.penup()`: Levanta el lápiz para que la tortuga se mueva sin dibujar.
- `mi_tortuga.pendown()`: Baja el lápiz para que la tortuga comience a dibujar.
- `mi_tortuga.goto(x, y)`: Mueve la tortuga a una posición específica en la ventana de dibujo con coordenadas `(x, y)`.
- `mi_tortuga.setheading(90)`: Ajusta la dirección de la tortuga a un ángulo específico (por ejemplo, 90 grados).
- `mi_tortuga.circle(50)`: Dibuja un círculo con un radio de 50 unidades.
- `mi_tortuga.begin_fill()`: Comienza a rellenar la forma que se está dibujando.
- `mi_tortuga.end_fill()`: Termina de rellenar la forma que se está dibujando.
- `mi_tortuga.color("red")`: Cambia el color del lápiz y el color de relleno de la tortuga a rojo.
- `mi_tortuga.shape("turtle")`: Cambia la forma de la tortuga a "turtle" (puede ser "arrow", "circle", "square", "triangle", "classic").
- `mi_tortuga.speed(1)`: Ajusta la velocidad de movimiento de la tortuga (puede ser un número del 1 al 10 o "fastest", "fast", "normal", "slow", "slowest").
- `mi_tortuga.stamp()`: Deja una copia de la tortuga en su posición actual.
- `mi_tortuga.clear()`: Borra los dibujos hechos por la tortuga sin moverla.
- `mi_tortuga.reset()`: Borra los dibujos y restablece la tortuga a su posición y estado inicial.
- `mi_tortuga.hideturtle()`: Hace que la tortuga sea invisible.
- `mi_tortuga.showturtle()`: Hace que la tortuga sea visible nuevamente.
- `turtle.bgcolor("white")`: Cambia el color de fondo de la ventana de dibujo a blanco.
- `turtle.title("Mi Dibujo con Turtle")`: Cambia

el título de la ventana de dibujo.

- `turtle.done()`: Indica que se ha terminado de dibujar y mantiene la ventana abierta.

7. Dibujando una Casa

Vamos a crear un proyecto divertido donde dibujaremos una casa con Turtle. Esto nos permitirá practicar lo que hemos aprendido hasta ahora. Lo dividiremos en trozos para ir dibujando cada parte.

7.1. Paso 1: Dibujar la Base de la Casa

Primero, dibujaremos un cuadrado que será la base de la casa.

```
import turtle

ventana = turtle.Screen()
ventana.title("Dibujo de una Casa")
ventana.bgcolor("white")

mi_tortuga = turtle.Turtle()
mi_tortuga.shape("turtle")
mi_tortuga.color("blue")

# Dibujar la base de la casa
mi_tortuga.penup()
mi_tortuga.goto(-50, -50)  # Mover la tortuga al
inicio de la base
mi_tortuga.pendown()
for _ in range(4):
    mi_tortuga.forward(100)
    mi_tortuga.left(90)
```

7.2. Paso 2: Dibujar el Techo

A continuación, dibujaremos un triángulo que será el techo de la casa.

```
# Dibujar el techo de la casa
mi_tortuga.goto(-50, 50)
mi_tortuga.goto(0, 100)
mi_tortuga.goto(50, 50)
```

7.3. Paso 3: Dibujar la Puerta

Finalmente, dibujaremos un pequeño rectángulo que será la puerta de la casa.

```python
# Dibujar la puerta
mi_tortuga.penup()
mi_tortuga.goto(-15, -50)
mi_tortuga.pendown()
mi_tortuga.setheading(90)   # Asegurarnos de que
la tortuga esté apuntando hacia arriba
for _ in range(2):
    mi_tortuga.forward(40)
    mi_tortuga.right(90)
    mi_tortuga.forward(30)
    mi_tortuga.right(90)

turtle.done()
```

7.4. Código Completo

```python
import turtle

ventana = turtle.Screen()
ventana.title("Dibujo de una Casa")
ventana.bgcolor("white")

mi_tortuga = turtle.Turtle()
mi_tortuga.shape("turtle")
mi_tortuga.color("blue")

# Dibujar la base de la casa
mi_tortuga.penup()
mi_tortuga.goto(-50, -50)
mi_tortuga.pendown()
for _ in range(4):
    mi_tortuga.forward(100)
    mi_tortuga.left(90)

# Dibujar el techo de la casa
mi_tortuga.goto(-50, 50)
mi_tortuga.goto(0, 100)
mi_tortuga.goto(50, 50)

# Dibujar la puerta
```

```
mi_tortuga.penup()
mi_tortuga.goto(-15, -50)
mi_tortuga.pendown()
mi_tortuga.setheading(90)
for _ in range(2):
    mi_tortuga.forward(40)
    mi_tortuga.right(90)
    mi_tortuga.forward(30)
    mi_tortuga.right(90)

turtle.done()
```

Cuadro 97

El resultado debe parecerse al que hemos obtenido nosotros.

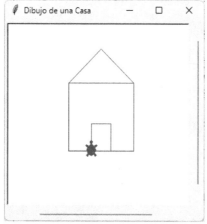

8. Proyecto: Dibujar una Cara Sonriente

Vamos a dibujar una cara sonriente usando Turtle.

8.1. Paso 1: Dibujar la Cara

Primero, dibujaremos un círculo grande que será la cara.

```
import turtle

ventana = turtle.Screen()
ventana.title("Cara Sonriente")
ventana.bgcolor("white")

mi_tortuga = turtle.Turtle()
```

```
mi_tortuga.shape("turtle")
mi_tortuga.color("yellow")

# Dibujar la cara
mi_tortuga.begin_fill()
mi_tortuga.circle(100)
mi_tortuga.end_fill()
```

8.2. Paso 2: Dibujar los Ojos

A continuación, dibujaremos dos círculos más pequeños que serán los ojos.

```
# Dibujar el primer ojo
mi_tortuga.penup()
mi_tortuga.goto(-40, 120)
mi_tortuga.pendown()
mi_tortuga.color("black")
mi_tortuga.begin_fill()
mi_tortuga.circle(10)
mi_tortuga.end_fill()

# Dibujar el segundo ojo
mi_tortuga.penup()
mi_tortuga.goto(40, 120)
mi_tortuga.pendown()
mi_tortuga.color("black")
mi_tortuga.begin_fill()
mi_tortuga.circle(10)
mi_tortuga.end_fill()
```

8.3. Paso 3: Dibujar la Boca

Finalmente, dibujaremos un semicírculo que será la boca.

```
# Dibujar la boca
mi_tortuga.penup()
mi_tortuga.goto(-40, 80)
mi_tortuga.pendown()
mi_tortuga.right(90)
mi_tortuga.circle(40, 180)   # Dibujar un
semicírculo
```

Todo esto son trocitos que forman nuestro programa. Tienes que ir aprendiendo a dividir la idea del programa en ideas más pequeñas o pasos más simples.

8.4. Código Completo

```
import turtle

ventana = turtle.Screen()
ventana.title("Cara Sonriente")
ventana.bgcolor("white")

mi_tortuga = turtle.Turtle()
mi_tortuga.shape("turtle")
mi_tortuga.color("yellow")

# Dibujar la cara
mi_tortuga.begin_fill()
mi_tortuga.circle(100)
mi_tortuga.end_fill()

# Dibujar el primer ojo
mi_tortuga.penup()
mi_tortuga.goto(-40, 120)
mi_tortuga.pendown()
mi_tortuga.color("black")
mi_tortuga.begin_fill()
mi_tortuga.circle(10)
mi_tortuga.end_fill()

# Dibujar el segundo ojo
mi_tortuga.penup()
mi_tortuga.goto(40, 120)
mi_tortuga.pendown()
mi_tortuga.color("black")
mi_tortuga.begin_fill()
mi_tortuga.circle(10)
mi_tortuga.end_fill()

# Dibujar la boca
mi_tortuga.penup()
mi_tortuga.goto(-40, 80)
mi_tortuga.pendown()
mi_tortuga.right(90)
mi_tortuga.circle(40, 180)

turtle.done()
```

Cuadro 98

Mira lo que nos ha salido a nosotros. ¿Se parece al tuyo?

9. Ejercicios Adicionales

Para reforzar lo aprendido, aquí tienes algunos ejercicios adicionales. Intenta resolverlos sin mirar las soluciones primero.

9.1. Ejercicio 1: Dibujar un Triángulo

1. Usa un bucle `for` para dibujar un triángulo equilátero.
2. Cada lado del triángulo debe tener una longitud de 100 unidades.

- Solución:

```
import turtle

ventana = turtle.Screen()
ventana.title("Dibujar un Triángulo")
ventana.bgcolor("white")

mi_tortuga = turtle.Turtle()
mi_tortuga.shape("turtle")
mi_tortuga.color("green")

# Dibujar un triángulo
for _ in range(3):
    mi_tortuga.forward(100)
    mi_tortuga.left(120)
```

```
turtle.done()
```

Cuadro 99

9.2. Ejercicio 2: Dibujar una Estrella

1. Usa un bucle `for` para dibujar una estrella de 5 puntas.
2. Cada línea de la estrella debe tener una longitud de 100 unidades.

• Solución:

```
import turtle

ventana = turtle.Screen()
ventana.title("Dibujar una Estrella")
ventana.bgcolor("white")

mi_tortuga = turtle.Turtle()
mi_tortuga.shape("turtle")
mi_tortuga.color("purple")

# Dibujar una estrella
for _ in range(5):
    mi_tortuga.forward(100)
    mi_tortuga.right(144)

turtle.done()
```

Cuadro 100

La estrella debe quedar algo así.

9.3. Ejercicio 3: Dibujar un Hexágono

1. Usa un bucle `for` para dibujar un hexágono.
2. Cada lado del hexágono debe tener una longitud de 80 unidades.

- Solución:

```
import turtle

ventana = turtle.Screen()
ventana.title("Dibujar un Hexágono")
ventana.bgcolor("white")

mi_tortuga = turtle.Turtle()
mi_tortuga.shape("turtle")
mi_tortuga.color("blue")

# Dibujar un hexágono
for _ in range(6):
    mi_tortuga.forward(80)
    mi_tortuga.left(60)

turtle.done()
```

Cuadro 101

En este capítulo hemos aprendido a usar la biblioteca Turtle para dibujar gráficos en Python. Hemos creado varios proyectos divertidos, como una casa y una cara sonriente, y hemos practicado dibujando formas básicas. ¡Adelante, sigue creando y disfruta del proceso de programación!

CAPÍTULO 9: EXPLORANDO MÓDULOS

1. ¿Qué es un Módulo?

Un módulo en Python es un archivo que contiene código de Python, como funciones y variables, que puedes reutilizar en otros programas. Usar módulos te permite aprovechar el trabajo de otros programadores y añadir fácilmente nuevas funcionalidades a tus programas.

2. Importando Módulos

Para usar un módulo en tu programa, necesitas importarlo. Esto se hace usando la palabra clave import.

- Ejemplo:

```
import math
```
En este ejemplo, estamos importando el módulo math, que contiene muchas funciones matemáticas útiles.

3. Usando Funciones de un Módulo

Una vez que has importado un módulo, puedes usar las funciones y variables definidas en él.

- Ejemplo:

```
import math

numero = 16
raiz_cuadrada = math.sqrt(numero)
print("La raíz cuadrada de", numero, "es",
raiz_cuadrada)
```

Cuadro 102

En este ejemplo, usamos la función `sqrt` del módulo `math` para calcular la raíz cuadrada de un número.

4. Explorando el Módulo `math`

El módulo `math` es muy útil para realizar operaciones matemáticas avanzadas. Aquí tienes algunas de las funciones más comunes:

- `math.sqrt(x)`: Devuelve la raíz cuadrada de x.
- `math.pow(x, y)`: Devuelve x elevado a la potencia de y.
- `math.pi`: Devuelve el valor de pi (π) aproximadamente.
- `math.sin(x)`, `math.cos(x)`, `math.tan(x)`: Devuelven el seno, coseno y tangente de x (donde x está en radianes). Si todavía no conoces todas estas cosas no te preocupes, simplemente es para que sepas que esta librería tiene un montón de funciones de matemáticas.
- Ejemplo:

```
import math

print("El valor de pi es:", math.pi)
print("2 elevado a la potencia de 3 es:",
math.pow(2, 3))
print("El seno de 90 grados es:",
math.sin(math.radians(90)))
```

Cuadro 103

5. El Módulo `random`

El módulo `random` es muy útil para trabajar con números aleatorios. Puedes usarlo para hacer juegos, simulaciones y mucho más.

- Ejemplo:

```
import random

numero_aleatorio = random.randint(1, 100)
print("Número aleatorio entre 1 y 100:",
numero_aleatorio)
```

Cuadro 104

En este ejemplo, usamos la función `randint` del módulo `random` para generar un número aleatorio entre 1 y 100.

6. Explorando el Módulo `random`

El módulo `random` tiene muchas funciones útiles:

- `random.randint(a, b)`: Devuelve un número entero aleatorio entre a y b.

- `random.choice(seq)`: Devuelve un elemento aleatorio de la secuencia `seq`.

- `random.shuffle(seq)`: Mezcla aleatoriamente los elementos de la secuencia `seq`.

- `random.random()`: Devuelve un número flotante aleatorio entre 0.0 y 1.0.

- Ejemplo:

```
import random

# Lista de frutas
frutas = ["manzana", "banana", "cereza",
"naranja"]

# Elegir una fruta aleatoria
fruta_aleatoria = random.choice(frutas)
print("Fruta aleatoria:", fruta_aleatoria)

# Mezclar la lista de frutas
random.shuffle(frutas)
print("Frutas mezcladas:", frutas)
```

Cuadro 105

7. Creando tus Propios Módulos

También puedes crear tus propios módulos. Esto es útil cuando tienes funciones que quieres reutilizar en varios programas.

7.1. Paso 1: Crear un Módulo

Crea un archivo llamado `mis_funciones.py` y define algunas funciones en él. Asegúrate de guardar este archivo en la misma carpeta donde tendrás tu programa principal.

```
# Archivo: mis_funciones.py

def saludar(nombre):
    print("Hola, " + nombre + "!")

def despedir(nombre):
    print("Adiós, " + nombre + "!")
```

Cuadro mis_funciones

7.2. Paso 2: Importar y Usar el Módulo

Crea otro archivo llamado `programa_principal.py` en la misma carpeta y usa las funciones del módulo que creaste.

```
# Archivo: programa_principal.py

import mis_funciones

mis_funciones.saludar("Ana")
mis_funciones.despedir("Ana")
```

Cuadro 106

Cuando ejecutes `programa_principal.py`, verás el siguiente resultado:

```
Hola, Ana!
Adiós, Ana!
```

> **Nota:** Es importante que ambos archivos estén en la misma carpeta para que Python pueda encontrar y usar el módulo.

8. Explorando Módulos Útiles para Niños

Hay muchos módulos en Python que son especialmente útiles y divertidos para los niños. Algunos requieren instalación pero hay muchos que ya vienen instalados por defecto. Aquí te presentamos algunos:

8.1. Módulo `time`

El módulo `time` es útil para trabajar con el tiempo. Puedes usarlo para pausar tu programa durante un período de tiempo o para medir cuánto tiempo tarda en ejecutarse algo.

* Ejemplo:

```
import time

print("Espera 3 segundos...")
time.sleep(3)
print("¡Listo!")
```
Cuadro 107

8.2. Módulo `datetime`

El módulo `datetime` te permite trabajar con fechas y horas.

* Ejemplo:

```
import datetime

fecha_actual = datetime.datetime.now()
print("Fecha y hora actuales:", fecha_actual)
```
Cuadro 108

8.3. Módulo `os`

El módulo `os` te permite interactuar con el sistema operativo. Puedes usarlo para crear, eliminar y listar archivos y directorios. Este es un poco avanzado pero útil para un futuro.

* Ejemplo:

```
import os

directorio_actual = os.getcwd()
print("Directorio actual:", directorio_actual)

# Listar archivos en el directorio actual
archivos = os.listdir(directorio_actual)
print("Archivos en el directorio actual:",
archivos)
```
Cuadro 109

9. Listado de módulos de utilidad

- **random**: Permite generar números aleatorios y elegir elementos al azar, ideal para crear juegos y simulaciones.

- **math**: Proporciona funciones matemáticas avanzadas, como cálculos de raíces cuadradas, potencias y trigonometría.

- **pygame**: Una biblioteca para crear videojuegos, ofrece herramientas para manejar gráficos, sonidos y eventos de teclado y ratón.

- **numpy**: Utilizada para trabajar con matrices y realizar cálculos matemáticos complejos, muy útil en ciencia de datos y simulaciones.

- **turtle**: Permite dibujar gráficos y formas en la pantalla de manera fácil y divertida, ideal para aprender conceptos básicos de programación.

- **time**: Ofrece funciones para medir el tiempo y hacer pausas en la ejecución del programa, útil para crear efectos de tiempo en juegos.

- **os**: Proporciona funciones para interactuar con el sistema operativo, como gestionar archivos y directorios.

- **sys**: Permite interactuar con el sistema y el entorno de ejecución de Python, útil para manejar argumentos de línea de comandos y controlar la salida del programa.

- **datetime**: Facilita trabajar con fechas y horas, permitiendo crear calendarios, cronómetros y programar tareas.

- **matplotlib**: Utilizada para crear gráficos y visualizaciones de datos, ideal para aprender a representar información de manera visual.

- **tkinter**: Una biblioteca para crear interfaces gráficas de usuario (GUI), permite diseñar ventanas, botones y otros elementos interactivos.

- **json**: Facilita trabajar con datos en formato JSON (JavaScript Object Notation), útil para guardar y compartir información estructurada.

- **re**: Proporciona herramientas para trabajar con expresiones regulares, útil para buscar y manipular texto de manera avanzada.

- **collections**: Ofrece tipos de datos adicionales como listas ordenadas y diccionarios con valores múltiples, extendiendo las capacidades de las estructuras de datos estándar de Python.

- **itertools**: Proporciona funciones para crear iteradores eficientes, útiles para realizar combinaciones, permutaciones y otras operaciones de iteración avanzada.

10. Más Ejemplos y Ejercicios con Módulos

Vamos a ver más ejemplos y ejercicios para practicar el uso de módulos en Python.

10.1. Ejemplo 1: Usando el Módulo `math` para Calcular el Área de un Círculo

Vamos a escribir un programa que calcule el área de un círculo usando el módulo `math`.

```python
import math

def calcular_area_circulo(radio):
    return math.pi * (radio ** 2)

radio = float(input("Ingresa el radio del
círculo: "))
area = calcular_area_circulo(radio)
print(f"El área del círculo con radio {radio} es
{area}")
```

Cuadro 110

10.2. Ejemplo 2: Usando el Módulo `random` para Crear una Lista de Números Aleatorios

Vamos a escribir un programa que genere una lista de 5 números aleatorios entre 1 y 100.

```python
import random

numeros_aleatorios = [random.randint(1, 100) for
_ in range(5)]
print("Lista de números aleatorios:",
```

```
numeros_aleatorios)
```
Cuadro 111

11. Ejercicios Adicionales

Para reforzar lo aprendido, aquí tienes algunos ejercicios adicionales. Intenta resolverlos sin mirar las soluciones primero.

11.1. Ejercicio 1: Crear un Módulo de Saludo

1. Crea un archivo llamado `saludos.py` y define una función llamada `saludo_personalizado` que tome un nombre como parámetro y lo salude.
2. Importa la función en un programa principal y úsala para saludar a dos personas diferentes.

- Solución:

```
# Archivo: saludos.py

def saludo_personalizado(nombre):
    print("Hola, " + nombre + "! Bienvenido/a.")
```
Cuadro saludos

```
# Archivo: programa_principal.py

import saludos

saludos.saludo_personalizado("Juan")
saludos.saludo_personalizado("María")
```
Cuadro 112

11.2. Ejercicio 2: Crear un Módulo de Matemáticas

1. Crea un módulo llamado `matematicas.py` que contenga una función `promedio` que tome una lista de números y devuelva el promedio.
2. Importa la función en un programa principal y úsala para calcular el promedio de una lista de números.

- Solución:

```
# Archivo: matematicas.py
```

```
def promedio(lista):
    return sum(lista) / len(lista)
```
Cuadro matematicas

```
# Archivo: programa_principal.py

import matematicas

numeros = [10, 20, 30, 40, 50]
resultado = matematicas.promedio(numeros)
print("El promedio es:", resultado)
```
Cuadro 113

11.3. Ejercicio 3: Crear un Módulo para Números Aleatorios

1. Crea un módulo llamado numeros_aleatorios.py que contenga una función generar_lista que tome dos parámetros n y max_valor y devuelva una lista de n números aleatorios entre 1 y max_valor.

2. Importa la función en un programa principal y úsala para generar una lista de 10 números aleatorios entre 1 y 100. Recuerda llamarla con el nombre del módulo, un punto y el nombre de la función.

• Solución:

```
# Archivo: numeros_aleatorios.py

import random

def generar_lista(n, max_valor):
    return [random.randint(1, max_valor) for _ in
range(n)]
```
Cuadro numeros_aleatorios

```
# Archivo: programa_principal.py

import numeros_aleatorios

lista = numeros_aleatorios.generar_lista(10, 100)
print("Lista de números aleatorios:", lista)
```
Cuadro 114

11.4. Ejercicio 4: Crear un Módulo para Conversión de Unidades

1. Crea un módulo llamado `conversion_unidades.py` que contenga una función `km_a_millas` que convierta kilómetros a millas (1 km = 0.621371 millas).
2. Importa la función en un programa principal y úsala para convertir una distancia en kilómetros a millas.

• Solución:

```
# Archivo: conversion_unidades.py

def km_a_millas(km):
    return km * 0.621371
```

Cuadro conversion_unidades

```
# Archivo: programa_principal.py

import conversion_unidades

kilometros = float(input("Ingresa la distancia en kilómetros: "))
millas =
conversion_unidades.km_a_millas(kilometros)
print(f"{kilometros} kilómetros son {millas} millas")
```

Cuadro 115

En este capítulo hemos aprendido sobre los módulos en Python: qué son, cómo importarlos y usarlos, y cómo crear nuestros propios módulos. También hemos explorado algunos módulos útiles que podemos usar en nuestros programas y practicado con varios ejercicios. ¡Sigue avanzando y disfruta cada momento de tu aventura en programación!

CAPÍTULO 10: CREANDO UN PROYECTO FINAL

En este capítulo, vamos a crear un proyecto final que combinará todo lo que hemos aprendido hasta ahora. Este proyecto será un juego sencillo que puedes personalizar y mejorar. Primero, hablaremos sobre cómo planificar tu proyecto, luego cómo implementarlo y finalmente cómo revisarlo y mejorarlo.

1. Planificación del Proyecto

Antes de empezar a programar, es importante planificar tu proyecto. La planificación te ayuda a entender qué quieres lograr y cómo vas a hacerlo. Aquí hay algunos pasos para planificar tu proyecto de programación.

1.1. Paso 1: Define el Objetivo del Proyecto

Primero, decide qué tipo de proyecto quieres hacer. Puede ser un juego, una aplicación sencilla o cualquier otra cosa que te interese. En este capítulo, vamos a crear un juego sencillo llamado "Adivina el Número".

1.2. Paso 2: Divide el Proyecto en Tareas Más Pequeñas

Divide tu proyecto en tareas más pequeñas y manejables. Esto te ayudará a mantenerte organizado y a no sentirte abrumado. Aquí están las tareas principales para nuestro juego:

1. Generar un número aleatorio.
2. Pedir al usuario que adivine el número.
3. Dar pistas al usuario (por ejemplo, "El número es mayor" o "El número es menor").
4. Contar el número de intentos del usuario.
5. Felicitar al usuario cuando adivine el número.

1.3. Paso 3: Planifica la Interfaz del Usuario

Decide cómo interactuarás con el usuario. En este caso, usaremos la función `input` para pedir al usuario que ingrese sus adivinanzas y la función `print` para darles pistas y mensajes que le ayuden. El juego debe tener su gracia, si no le ayudamos será muy aburrido.

1.4. Paso 4: Dibuja un Diagrama de Flujo

Un diagrama de flujo es un dibujo que muestra los pasos que seguirá tu programa. Aquí hay un diagrama de flujo simple para nuestro juego:

```
[Inicio] -> [Generar número aleatorio] -> [Pedir
adivinanza al usuario] -> [El número es
correcto?]
  -> [Sí] -> [Felicitar al usuario] -> [Fin]
  -> [No] -> [El número es mayor o menor?] ->
[Dar pista al usuario] -> [Repetir]
```

2. Implementación del Proyecto

Ahora que hemos planificado nuestro proyecto, es hora de empezar a programar. Vamos a guiarte paso a paso en la creación de nuestro juego "Adivina el Número".

2.1. Paso 1: Importar Módulos Necesarios

Vamos a usar el módulo `random` para generar un número aleatorio.

```
import random
```

2.2. Paso 2: Generar un Número Aleatorio

Vamos a generar un número aleatorio entre 1 y 100.

```
numero_secreto = random.randint(1, 100)
```

2.3. Paso 3: Pedir al Usuario que Adivine el Número

Vamos a usar un bucle while para pedir al usuario que adivine el número hasta que lo adivine correctamente.

```
intentos = 0
adivinado = False

print("¡Bienvenido al juego de Adivina el
Número!")
print("Estoy pensando en un número entre 1 y
100.")

while not adivinado:
    intento = int(input("Adivina el número: "))
    intentos += 1

    if intento == numero_secreto:
        print(f"¡Felicidades! Adivinaste el
número en {intentos} intentos.")
        adivinado = True
    elif intento < numero_secreto:
        print("El número es mayor.")
    else:
        print("El número es menor.")
```

2.4. Código Completo

Aquí está el código completo para nuestro juego "Adivina el Número".

```
import random

def juego_adivinanzas():
    numero_secreto = random.randint(1, 100)
    intentos = 0
    adivinado = False

    print("¡Bienvenido al juego de Adivina el
```

```
Número!")
    print("Estoy pensando en un número entre 1 y
100.")

    while not adivinado:
        intento = int(input("Adivina el número:
"))

        intentos += 1

        if intento == numero_secreto:
            print(f"¡Felicidades! Adivinaste el
número en {intentos} intentos.")
            adivinado = True
        elif intento < numero_secreto:
            print("El número es mayor.")
        else:
            print("El número es menor.")

juego_adivinanzas()
```

Cuadro 116

3. Revisión y Mejoras

Una vez que hayas creado tu proyecto, es importante revisarlo y pensar en cómo podrías mejorarlo. Aquí hay algunas ideas para mejorar nuestro juego "Adivina el Número".

3.1. Idea 1: Establecer un Límite de Intentos

Podemos establecer un límite de intentos para hacer el juego más desafiante. Si el usuario no adivina el número en un número determinado de intentos, pierde el juego.

- Ejemplo:

```
import random

def juego_adivinanzas():
    numero_secreto = random.randint(1, 100)
    intentos = 0
    limite_intentos = 10
    adivinado = False

    print("¡Bienvenido al juego de Adivina el
Número!")
    print("Estoy pensando en un número entre 1 y
```

```
100.")
    print(f"Tienes {limite_intentos} intentos
para adivinar el número.")

    while not adivinado and intentos <
limite_intentos:
        intento = int(input("Adivina el número:
"))
        intentos += 1

        if intento == numero_secreto:
            print(f"¡Felicidades! Adivinaste el
número en {intentos} intentos.")
            adivinado = True
        elif intento < numero_secreto:
            print("El número es mayor.")
        else:
            print("El número es menor.")

    if adivinado == False:
        print(f"Lo siento, has alcanzado el
límite de intentos. El número secreto era
{numero_secreto}.")

juego_adivinanzas()
```

Cuadro 117

> **¿Sabías que?** if not adivinado: Significa "si no has adivinado el número", es decir, es lo mismo que if adivinado == False. Por tanto, adivinado == False se puede reescribir siempre como not adivinado, puesto que adivinado es o True o False.

3.2. Idea 2: Permitir al Usuario Elegir el Rango de Números

Podemos permitir que el usuario elija el rango de números en los que quiere jugar.

• Ejemplo:

```
import random

def juego_adivinanzas():
    print("¡Bienvenido al juego de Adivina el
Número!")
```

```
    min_numero = int(input("Ingresa el número
mínimo del rango: "))
    max_numero = int(input("Ingresa el número
máximo del rango: "))
    numero_secreto = random.randint(min_numero,
max_numero)
    intentos = 0
    limite_intentos = 10
    adivinado = False

    print(f"Estoy pensando en un número entre
{min_numero} y {max_numero}.")
    print(f"Tienes {limite_intentos} intentos
para adivinar el número.")

    while not adivinado and intentos <
limite_intentos:
        intento = int(input("Adivina el número:
"))
        intentos += 1

        if intento == numero_secreto:
            print(f"¡Felicidades! Adivinaste el
número en {intentos} intentos.")
            adivinado = True
        elif intento < numero_secreto:
            print("El número es mayor.")
        else:
            print("El número es menor.")

    if not adivinado:
        print(f"Lo siento, has alcanzado el
límite de intentos. El número secreto era
{numero_secreto}.")

juego_adivinanzas()
```

Cuadro 118

4. Ejercicio Final

¡Ahora es tu turno de mejorar el juego! Aquí hay algunas ideas para que practiques:

1. **Agregar Niveles de Dificultad:** Permite al usuario elegir entre diferentes niveles de dificultad (fácil, medio, difícil), donde cada nivel tiene un rango de números y un límite de intentos diferente.

2. **Guardar los Puntajes Más Altos:** Guarda el puntaje más alto (el menor número de intentos necesarios para adivinar el número) y muéstralo al final del juego.
3. **Añadir Mensajes de Motivación:** Añade mensajes de motivación o pistas adicionales para hacer el juego más interactivo.

4.1. Solución del Ejercicio Final

Aquí tienes una posible solución que incorpora las mejoras sugeridas.

```python
import random

def juego_adivinanzas():
    print("¡Bienvenido al juego de Adivina el
Número!")
    print("Elige un nivel de dificultad:")
    print("1. Fácil (números entre 1 y 10, 5
intentos)")
    print("2. Medio (números entre 1 y 50, 7
intentos)")
    print("3. Difícil (números entre 1 y 100, 10
intentos)")

    nivel = int(input("Ingresa el número de tu
elección (1, 2, o 3): "))

    if nivel == 1:
        min_numero, max_numero, limite_intentos =
1, 10, 5
    elif nivel == 2:
        min_numero, max_numero, limite_intentos =
1, 50, 7
    else:
        min_numero, max_numero, limite_intentos =
1, 100, 10

    numero_secreto = random.randint(min_numero,
max_numero)
    intentos = 0
    adivinado = False

    print(f"Estoy pensando en un número entre
{min_numero} y {max_numero}.")
```

```
    print(f"Tienes {limite_intentos} intentos
para adivinar el número.")

    while not adivinado and intentos <
limite_intentos:
        intento = int(input("Adivina el número:
"))
        intentos += 1

        if intento == numero_secreto:
            print(f"¡Felicidades! Adivinaste el
número en {intentos} intentos.")
            adivinado = True
        elif intento < numero_secreto:
            print("El número es mayor.")
        else:
            print("El número es menor.")

    if not adivinado:
        print(f"Lo siento, has alcanzado el
límite de intentos. El número secreto era
{numero_secreto}.")

juego_adivinanzas()
```

Cuadro 119

5. Resumen del Capítulo

En este capítulo, hemos aprendido cómo planificar un proyecto de programación, cómo implementarlo y cómo revisarlo y mejorarlo. Hemos creado un juego sencillo llamado "Adivina el Número" y hemos explorado formas de mejorarlo. ¡Sigue programando y disfruta cada reto!

CAPÍTULO FINAL: ¡EL COMIENZO DE TU AVENTURA EN LA PROGRAMACIÓN!

¡Felicitaciones! Has llegado al final de este libro y has aprendido muchas cosas sobre programación en Python. Ahora, con las habilidades y conocimientos que has adquirido, puedes hacer muchas cosas interesantes. Este es solo el comienzo de tu aventura en el mundo de la programación.

1. ¿Te das cuenta de todo lo que puedes hacer?

Con todo lo que has aprendido, ya tienes una base sólida para crear tus propios proyectos. Aquí hay algunas ideas de lo que puedes hacer:

1.1. Crear Juegos Sencillos

Ya sabes cómo usar condicionales, bucles, funciones y cómo pedir entrada al usuario. Con estas habilidades, puedes crear juegos sencillos como:

- **Adivina el Número:** Mejorando el juego que hicimos en el proyecto final, puedes agregar más niveles, puntajes y otras características.
- **Juego de Preguntas y Respuestas:** Puedes hacer un juego que haga preguntas y verifique las respuestas del jugador.
- **Juego de Piedra, Papel o Tijera:** Puedes programar un

juego donde juegas contra la computadora.

1.2. Crear Aplicaciones Útiles

También puedes crear aplicaciones útiles que te ayuden en tu vida diaria:

- **Calculadora:** Una calculadora que pueda sumar, restar, multiplicar y dividir.
- **Conversor de Unidades:** Una aplicación que convierta unidades como kilómetros a millas, grados Celsius a Fahrenheit, etc.
- **Agenda de Contactos:** Un programa donde puedas guardar y buscar información de tus amigos y familiares.

2. ¿Crees que todo lo aprendido carece de utilidad y aplicaciones prácticas?

Lo que has aprendido es solo el comienzo. Con algunos conocimientos adicionales, puedes hacer cosas aún más asombrosas.

2.1. Programar Juegos con Gráficos

Con la biblioteca `turtle` que aprendiste a usar en el Capítulo 8, puedes crear gráficos y dibujos. Con otras bibliotecas como `pygame`, puedes crear juegos con gráficos más avanzados.

- Ejemplo:
- **Juego de la Serpiente:** Un juego clásico donde controlas una serpiente que crece al comer alimentos y debes evitar chocar con las paredes o contigo mismo.

2.2. Crear Aplicaciones Web

Aprendiendo un poco de HTML, CSS y JavaScript junto con frameworks de Python como Flask o Django, puedes crear tus propias páginas web y aplicaciones web.

- Ejemplo:
- **Blog Personal:** Puedes crear una página web donde publiques tus pensamientos, historias y fotos.

2.3. Trabajar con Datos y Ciencia de Datos

Con bibliotecas como `pandas`, `numpy` y `matplotlib`, puedes aprender a trabajar con datos, hacer gráficos y análisis de datos.

- Ejemplo:
- **Análisis de Datos de una Encuesta:** Puedes tomar datos de una encuesta y analizarlos para ver las opiniones de las personas sobre diferentes temas.

3. Continuando tu Aprendizaje

Aquí hay algunos recursos para que sigas aprendiendo y explorando:

- **Libros y Tutoriales Online:** Hay muchos libros y tutoriales disponibles en línea que te pueden enseñar más sobre Python y otros lenguajes de programación.
- **Cursos en Línea:** Plataformas como Coursera, edX y Khan Academy tienen cursos gratuitos sobre programación.
- **Comunidades de Programación:** Únete a comunidades en línea como Stack Overflow, GitHub y foros de programación donde puedes hacer preguntas y aprender de otros programadores.

4. ¡Pronto habrá un segundo libro de esta colección!

Y no olvides, pronto habrá un segundo libro de esta colección, así que ¡ve practicando para poder seguirlo sin problemas! Este segundo libro te llevará aún más lejos en tu viaje de programación, explorando temas más avanzados y proyectos más emocionantes.

5. Motivación Final

La programación es una habilidad poderosa que te permite crear cosas increíbles y resolver problemas. Con cada proyecto que haces, aprendes algo nuevo y mejoras tus habilidades. Aquí tienes algunas razones para seguir programando:

- **Creatividad:** La programación te permite expresar tu creatividad de formas únicas. Puedes crear juegos, aplicaciones y sitios web que reflejen tus intereses y personalidad.

- **Resolución de Problemas:** La programación te enseña a pensar de manera lógica y a resolver problemas de manera eficiente.

- **Carrera Profesional:** La programación es una habilidad muy demandada en el mundo laboral. Muchas carreras en tecnología, ciencia, ingeniería y negocios requieren conocimientos de programación.

- **Diversión:** ¡La programación es divertida! Es emocionante ver cómo tus ideas cobran vida en la pantalla de tu computadora.

6. ¡Sigue Explorando y Creando!

Recuerda que la clave para mejorar es seguir practicando y explorando. No tengas miedo de cometer errores; cada error es una oportunidad para aprender algo nuevo. ¡Sigue adelante, diviértete programando y nunca dejes de explorar!

---

7. Mensaje de Despedida

Querida lectora, querido lector,

Esperamos que hayas disfrutado este viaje en el mundo de la programación tanto como lo hicimos nosotros al escribirlo para ti. Ahora tienes las herramientas y conocimientos para empezar a crear tus propios proyectos y explorar nuevas ideas. La programación es una aventura emocionante que apenas comienza. ¡Estamos seguros de que harás cosas increíbles!

¡Buena suerte y feliz programación!

Carlos Roldán Blay y Marta Roldán Canti

ACERCA DE LOS AUTORES

Carlos Roldán Blay es doctor ingeniero industrial especializado en ingeniería eléctrica, con una gran pasión por aprender cosas nuevas y compartir su conocimiento. Su interés por la tecnología y la educación le ha llevado a explorar el mundo de la programación y a enseñar a otros de una manera accesible y divertida. Además de su amor por la ingeniería y la programación, tiene diversas aficiones, es pianista y matemático, pero su mayor hobby es dedicar su tiempo a su familia, siendo un esposo y padre comprometido. Este libro es una obra especial, creada junto a su hija, con la intención de inspirar a jóvenes mentes a descubrir el fascinante mundo de la programación.

Marta Roldán Canti, con solo 10 años, es una niña llena de curiosidad y entusiasmo por aprender y hacer de todo. Su energía y creatividad la convierten en una coautora excepcional para este proyecto. Marta ha revisado y mejorado cada capítulo del libro, aportando su perspectiva única y asegurándose de que sea accesible y divertido para otros niños. Su pasión por la tecnología y su espíritu aventurero son la fuerza motriz detrás de este libro, y está ansiosa por compartir esta emocionante aventura con otros jóvenes programadores. En un futuro, quién sabe si esta violinista y amazona en potencia será una gran programadora. Solo el tiempo lo dirá.

ANOTACIONES

Dejamos este espacio para que puedas hacerte anotaciones de lo que vayas aprendiendo. Todos los cuadros del libro están numerados para poder anotar en qué cuadro estaba aquello que quieres recordar, anótalo aquí. Igualmente, puedes anotar el capítulo, o la página, o reescribir el cuadro entero con tus propias anotaciones o modificaciones. Esperamos que este espacio te resulte de utilidad.

Continuará…